解碼青春期

與青少年好好溝通、互相理解，讓彼此和諧共處

THE GROWN-UP'S GUIDE TO TEENAGE HUMANS

喬許・希普 Josh Shipp
李崢嶸、胡曉宇 譯

目錄

第二部分
青春期的不同階段

第三部分

青春期常見的挑戰

寫在前面

本書旨在幫助那些正在照料青少年或是與青少年打交道的成人。

你可能是他們的父母*、老師、教練，或祖父母；他們可能是你的孩子、學生、隊員，或孫子女。

為了把這本書盡可能寫得有條理且易懂，書中提出的許多建議與案例，都是從父母的角度去考慮的。然而，所有的想法都可以根據實際情形變通，這本書幾乎適用於所有關愛青少年的成年人。

因此，在本書的其餘部分，我會使用以下縮寫：

父母＝任何父母、教育工作者、教練、導師或有愛心的成年人，實際上就是你

你的孩子＝任何你家裡、教室裡或受你照顧的青少年

為你正在做的事情表示感謝，我真心希望這本書能對你有所幫助。

＊ 做為父母，或許你會認為嬰兒讓家庭變得更美好，只是你沒有想到，嬰兒有一天會變成叛逆的青少年。

推薦序

青春期是親子關係的修練場

米露谷心理治療所執行長 **陳品皓** 臨床心理師

「我們不把你看成是一個難題，我們把你看做是一個機會。」這是改變作者人生的一句關鍵話，也是我多年來輔導經驗的寫照。

不管對孩子還是家長來說，青春期都是一個極大的挑戰。親子之間的關係就像股票，股票有漲有跌，漲跌的趨勢很難預測，親子關係也是如此。只不過，這十多年下來的臨床觀察，我發現親子關係的漲跌有一個大致的走勢，在不同的階段有不同的漲跌態勢。

有趣的是，大部分親子關係的走勢大同小異。通常在小學和幼兒園階段，親子關係多半是融洽、順從的，爸媽雖然煩歸煩、累歸累，但整體來說還算好管，就算有爭執也不會拖太久，用股票的術語就是多頭，怎麼進場怎麼賺，和諧總是多於衝突。

然而，從孩子進入國中開始，一直到大學畢業為止，雙方的關係快速進入一種衝突多於和諧的階段，孩子往往說沒兩句話就爆氣、動不動擺臉色、三催四請講不聽還回嘴，如果用股票來形容，就是空頭階段，跌不休、無止境，直到成年。

當孩子踏出校園、進入職場、成家立業之後，親子關係才好像又進入一個多頭的局勢，互動也變得比較緊密或融洽。

偏偏就是在青春期這個將近十年空頭的階段，最令家長操煩。每個孩子問題的背後，都有家庭的影子；每位家長的背後，都有自己生命議題的延伸，於是家庭成為親子之間糾結纏繞的修練場。

於是我們常常陷入無盡擔心、操煩、焦慮、期待等複雜而繁瑣的糾結，不知怎麼的，說出來的話就像不得要領的回應，引發孩子的不耐與情緒，造成彼此的緊張與對立。與此同時，我們還必須解決孩子生活中各式各樣的困擾，例如網路成癮、人際關係、表現壓力、學習低落、自殘、拒學、吸毒等等，青春期孩子的爸媽，根本就是身心折磨的同義詞。

我自己是青春期孩子的父親，也是從事兒童青少年臨床工作的心理師，除了和各位一樣，在類似的衝突與困惑中掙扎，還多了一個從心理輔導的視角來看待孩子，但連我都不得不說：親子相處，真的不簡單。

不過，這裡有個好消息！本書就是為了解決這些問題而來。在親子關係的困境當中，書中的內容為我們提供了清晰的方向，作者的身世與他的人生閱歷，讓整本書顯得更有說服力，同時也更貼近青少年的內心。

本書共分成三個部分，每個部分都是不容錯過的精華。在第一部分裡，作者提出需要家長重新理解的三種關鍵思維模式，每種思維模式都深得我心，尤其是用航管員與教練的角色比擬家長的身分，不但充滿既視感，也讓我看到許多爸媽在困境中的機會。

本書的第二部分，作者把青春期孩子在不同年齡的心理狀態與變化，做了鉅細靡遺的說明，堪比青少年心理發展的教科書。作者也提供了家長應對的策略、態度與方法，做了既生動又具體的介紹，根本就是親子互動的心理導航大全。

最後第三部分，作者把青春期孩子最容易遇到的挑戰和困境，幾乎都囊括了進來，這些困境也是我在臨床工作中最常遇到的議題。雖然書中用的調查、研究與故事都是以美國為例，仍然相當貼近我們的實務經驗，是有極大參考價值的。這樣說來，原來全世界的青少年，都是爸媽苦惱的挑戰嗎？這麼一想，我似乎好過了一點。

在閱讀的過程中，我很自然就被作者深入細膩的觀察、動人的分享所吸引，並且得到許多反思與覺察，在理解與動容當中撫慰了自己，也貼近了孩子。這是一本豐富、專業，又好讀、好懂的作品，沒有單調的說教，也沒有深奧的理論，每一個章節、每一則故事都和我們的經驗相互呼應，帶著我們從理解走到拆解，從拆解再到化解。

希望每一位對於孩子各種狀況感到不知所措的家長，都可以在其中找到適合自己與孩子的相處之道，成為孩子生命中的陪伴者。

推薦序

成為讓孩子破解生命魔咒的大人

媽媽悅讀基地創辦人　丘美珍

在孩子成長為青少年之前，我一直認為，自己跟孩子相處得不錯。

但是，破功的那一天，我還記得。孩子剛上國一，有一天早上，她怒氣沖沖的起床，滿臉憤恨對站在廚房的我丟下一句話，然後背起書包，用力把大門甩上，出門。

我在廚房愣了很久，回想剛才到底發生什麼事。不過就是我在她起床後碎念了幾句：「不要那麼晚睡，只顧著玩手機。」「這樣睡不夠，會長不高。」然後孩子就暴怒了。

她出門前吼出一句：「自從我上了國中之後，你一開口就是在罵我！」

我有嗎？我仔細回想這個秋天我的所言所行，然後很驚愕的發現，天啊！我有！

也許，就是在孩子從國小升上國中那一個暑假，她的世界變了。之前，她的手緊牽著我們，一直透過父母的眼睛去看這個世界；如今，她跳過我們，直接用自己的眼睛去辨識和感受，這個世界在她眼中，有了新的愛恨情仇。

她可能發現，父母親跟她說的大道理，自己也做不到（例如少用手機）。她可能發現，學校裡的老師，不太認真教學（一整堂上課時間都在講自己的小孩，忘了進度）。這種真實世界令她失望，但她還沒找出應對的姿態，最後只能以源源不絕的憤怒呈現。

被孩子嗆了幾次之後，我被激發出求生本能。我後來想辦法，把自己從「碎念媽媽」轉型成「資深同伴」，心態一變，我跟孩子的親子關係也出現轉機。

這本書的作者，是從小在育幼院長大的孩子，他對這個世界的敵意，當然根深柢固。直到他碰到一對充滿愛心的養父母，對他說：「我們不把你看成是一個難題，我們把你看做是一個機會。」他心中久駐的冰山才開始融解。

機會嗎？是什麼樣的機會呢？在我看來，這可以解讀成，讓孩子親眼見證，自己的人生，是有機會被翻轉的。

早年經歷磨難的孩子，會成為自己人生的悲劇導演，相信自己過往的不幸，是因為自己不值得被愛，所以不斷使壞，只為了驗證這個扭曲的真理。這是一個魔咒，這會讓他往後的人生愈走愈往低處，直達深淵。

誰能破解這樣的魔咒呢？如果世上有一個大人，心性穩定、不被惡行挑釁，能看穿孩子表面上故作堅強，心裡其實一直渴求無條件的愛，因此脆弱無比……那麼，這個孩子就有了重生的機會。

這本書，是提供給想要成為這樣的大人看的，就如同作者所說：「每個孩子距離成功，只差一位有愛心的大人。」青春期的孩子，需要洞悉世情、充滿善意的大人為伴。

願我們都能修練成功，成為孩子生命中最溫暖、最篤定的那道光，一路陪伴他們，走向更遠的他方。

自序

每個孩子都需要一個「羅德尼」

我是個孤兒，曾經生活黯淡，毫無希望。像我這樣的人，注定無家可歸，也許會坐牢，甚至早早就夭折。看看統計資料就知道了，大約二十％的孤兒最終無家可歸，能夠上學並拿到大學文憑的不到三％，只有五十％左右的人在二十四歲前能找到一份有薪水的工作。

這還不夠，那時的我卯足了勁把自己的境況弄得更糟。我很頑固，經常做出愚蠢的選擇，並且怨氣沖天。這一切，都是我十四歲時候的事。

那麼之後發生了什麼事呢？羅德尼出現了。

搬去和羅德尼同住以前，我已經掌握了讓收養家庭把我踢出去的技術，而且速度快得令人瞠目結舌。我就像馮崔普上校孩子的翻版，用荒唐滑稽的行為趕走養父母。

沒錯，我剛剛提到的是電影《真善美》的內容，也就是說，我的目標就是被踢出去。我對自己的情形已經變得麻木，毫不關心，以致於把這樣的過程當成了一場遊戲。實際上，我一直在寫日誌，在一本有著黑白斑駁封面的美德牌日記本上，記錄著我多快能被收養家庭踢出去的統計數據。

第一欄：我到達某個家庭的日期

第二欄：我被踢出去的日期

第三欄：為了被踢出去，我使用的策略

目標是刷新最快紀錄，這個紀錄曾經一度保持在不到一週就被踢出去。

實際上，我非常害怕，而日誌能讓我有一種控制住什麼的感覺。因為孩子說不出來的東西，會在他們的行動中體現出來。

我不相信任何人，特別是大人。我一出生，親生父母就拋棄了我。這使我淪為奧克拉荷馬州的一個孤兒。因為我生命中第一對成人沒有留在我的身邊，辜負了我的信任，我偏頗的認為隨後接觸到的所有大人也都一樣，他們是一丘之貉。

有段時間我住在教養院裡，一天晚上，一個大男孩偷偷摸進我們的房間，強暴了我和其他小男孩。沒有人來阻止這種恐怖的事情，沒有人介入干預。

對孩子來說，生活在一個他們不相信會有成人來照顧他們的世界裡太苦了。這讓孩子產生一種可怕的焦慮和孤獨感，讓孩子覺得這世界上的一切都不確定。

要應對這樣的重負太難了，在步入青春期之前的一段時間裡，我曾備受欺凌，感覺孤苦無依，生命毫無意義。我甚至吃過一瓶藥，想要結束自己的生命，因為我無法理解一個沒有人可以信任的世界。

重申一下，有些東西孩子不會說出來，但會在他們的行動中體現出來。

就在這個時候，羅德尼出現了。

做為孤兒，經常會碰到一些令人不快的事，其中之一就是人們把新的「父母」隨隨便便強加於你。十分鐘之前，這些人對你來說完全是陌生人，然而，十分鐘之後，某個社會工作者就會說：「喬許，過來見一下你的新媽媽和新爸爸。」

上七年級前的那個夏天，我出現在羅德尼家門前的台階上。那年我十四歲，肩負重擔，這份重擔不是指行李，而是情感負擔。很明顯，十四年來形成的負擔當然不是羅德尼的錯，不過現在成了他要面對的問題。

乍看之下，羅德尼似乎根本就不是我的對手。他沒有受過專業的心理訓練，沒有證書可以證明他對付得了像我這樣一個異常叛逆的青少年，也沒有什麼特別厲害的技巧或才能。他只是一個普通的中西部男人，肥胖的體型有點像小寫字母B，還患有嗜睡症。這可不是我編的，這一點千真萬確。有時候，羅德尼會在沒有任何預兆的情況下突然睡著，就像有線電視頻道突然沒有訊號一樣，令人費解。過一陣子他就會猛然醒來，而且夜夜如此。

這絕對是我碰到最容易應付的對手。

善良的社會工作者臨別時給了我一些忠告，一些類似這樣的話：「別辜負這些好心人，行嗎？同時我要提醒你，縱火是違法的。」這些忠告對我來說不過是耳邊風。我搬進了羅德尼的房子，立即就開始實施我的遊戲計畫，讓他把我從這裡踢出去，愈快愈好。

我開始了自己典型的序曲，設法讓人討厭；我到處挑釁，目中無人；我毫無感激之心，毫不領情；我粗野無禮；我從學校商店偷多力多滋玉米片；我在操場上聚眾飲酒，被勒令休學；我竄改學校的電腦資料，試圖修改自己的成績，第二次被勒令休學；我放火燒東西；我偷偷開著羅德尼的汽車兜風。

這些都是我的傑作，總之我是個威脅，是個惡作劇的瘋狂舞者。

三年後。

我還是甩不掉這個傢伙！羅德尼就是不肯把我踢出去。

這讓我很惱火。

但是記住我是個孤兒，這意味著我肯定養成了一種不屈不撓的精神。說到底，不屈不撓只是有目標的固執而已，而當時我是有目標的。羅德尼還真跟我槓上了，因此我不得不升級遊戲來扭轉局勢。

我發現奧克拉荷馬州育空市有一家小銀行能給我開一個支票帳戶，我先在帳戶裡存了大約一百美元，然後著手開一些一萬美元左右的空頭支票。在我看來，支票被發現無法兌現之時，就是我重獲自由之日。有張空頭支票我用來支付了車險，在奧克拉荷馬州，如果你不支付車險的話，當地的監理所就會暫停你的駕駛執照。

我開車去奧克拉荷馬州的斯提沃特旅行，在限速六十五英里的三十五號州際公路上，我以至少八十五英里的時速飛馳，越過了一輛警車。我沒有保險、沒有有效駕照，於是，我被戴上了手銬，扔進了警車的後車廂，送進了監獄。

我犯法了，就要變成另外一種統計資料了。

一旦登記過了，他們就允許你打一通電話，我打給了羅德尼。

我：羅德尼。

羅德尼：唉。

我：是我。嗯，嗯，聽著。我真不知道該怎麼說這事，不過我做了一件蠢事，現在人在斯提沃特的監獄裡。晚點我會解釋一切，你能來這裡把我保釋出去嗎？

羅德尼：（長時間的沉默）

我：羅德尼？羅德尼？（我以為他的嗜睡症又發作了）

羅德尼：喬許，我會去保釋你。但是得等到明天。再見！（電話掛了）

我當時簡直要發狂。不過，我知道羅德尼，一位歷史老師兼中學足球教練，有他自己的處事箴言：「不要把孩子從失敗或成功中保釋出來，因為這兩種情況都能讓他們學到東西。」

羅德尼說話算話，第二天早上他就跑來保釋我了。回家路上我們什麼也沒說，場面極其尷尬。要知道，我剛剛跟許多陌生人一起在監獄裡過了一夜，你在十七歲的時候，肯定不會和其他被拘留的人閒扯。

車子在家門前的車道上停了下來，羅德尼說：「我們必須坐下來談談。」

我知道，三年後，我終於成功了，我讓羅德尼崩潰了。我腦子裡想著該如何收拾自己的行李，並在我的日誌上添加一項新的條目。

我得澄清一下，我並不怪羅德尼想要把我踢出去。他寬厚仁慈，而且也真正努力過了。因為我，他讓自己麻煩不斷。但我毫不領情、蠻不講理，徹頭徹尾都用刻薄卑劣來回報他。坦白說，換成是我，我也想把自己踢出去。

羅德尼和他的妻子克莉絲汀讓我在客廳裡坐下來，我們開始談話。

這種談話我以前聽過好多次。

羅德尼：喬許。你可以繼續惹事、繼續跟我們做對、繼續……（他的聲調變了）你那笨腦袋瓜難道想不明白嗎？孩子，我們不把你看成是一個難題，我們把你看做是一個機會。

然後是沉默。

「噢，不！」我心裡想著，「他在教訓我。我寧願被踢出去，也不要聽這樣庸俗透頂的煽情演講。」

但是，緊接著一波不同的情緒襲來，徹底擊垮了我的憤世嫉俗。我意識到，羅德尼已經證明了他的決心，他待我始終如一，而且非常堅定。他接受了我那塗滿了汙點與記號的人生，還發現在他之前的成人所沒有發現的東西。

他預想到了我可能會變成的樣子。

我們不把你看成一個難題，我們把你看做一個機會。

這句話成了我人生的轉捩點。

如今，你不需要是個孤兒，就會面對那些看起來似乎不可能戰勝的挑戰：

- **每年有三千兩百萬青少年受到欺凌**

據報導，十五%的青少年曾遭受過網路霸凌，還有將近二十%的青少年表示，他們過去一年內曾在學校受過欺負。

- **每年有一百二十萬青少年輟學**

這意味著每天有七千名學生輟學。每年入學的新生，大約有二十五%將無法按時畢業。

• **青少年容易受到毒品麻醉**

十個癮君子裡，有九個是在十八歲之前便開始吸食毒品。

• **青少年正面臨著危險的抉擇**

以美國為例，約有二十二％的學生在學校裡被人引誘、兜售，或者免費給予非法藥品和毒品。將近十七％的青少年，至少會有一天攜帶武器。

• **青少年常常感到前途茫茫**

美國有超過三十％的學生說，他們在連續兩週或更長時間裡情緒特別低落，感覺毫無希望，甚至促使他們停止了某些日常活動。

• **更悲慘的是，我們的青少年企圖自殺**

目前，自殺已經成為十五到二十四歲這個年齡層死亡的第二大主因。在美國，平均每天有超過五千四百名七年級到十二年級的年輕人企圖自殺。

這些資料不是來自資源匱乏、貧困落後，或在其他方面苦苦掙扎的社區，這些資料代表著所有的社區，包括單親家庭，也包括雙親家庭；包括貧困線以下的家庭，也包括富人和中產階級。這是青少年整體的狀況，而且，每一個青少年距離成為一筆統計資料，只差一個決定。

從統計資料上來說，我注定要無家可歸，也許會坐牢，甚至早夭。可是，我沒有，這是為什麼呢？

我沒有成為一筆統計資料，是因為一個有愛心的成年人，一個不完美可是非常堅定執著的成年人，他的名字叫羅德尼。

希望你能明白，我不只是在講一個孩子迷途知返的勵志故事，不只是為了新奇有趣、鼓舞人心，讓人感覺到正能量。讓我帶你看一下哈佛大學的最新發現吧。

關於「羅德尼」的研究*

哈佛大學建立了「兒童發展中心」，就是想弄明白，如何改善他們所謂「孩子的結局」。他們著手研究孩子的適應能力，試圖釐清，是什麼讓一些孩子克服了嚴峻的挑戰，卻讓其他孩子在困難面前屈服？最終取得成功的孩子有什麼共同點？他們發現：

適應力強的孩子，他們唯一的共同點是，能夠和給予支持的父母、看護人或其他成年人，保持至少一種穩定、忠誠的關係。這種關係能針對孩子的個人需求及時做出回應、給予支援、提供保護，減少孩子發展過程中受到的干擾。這種關係同樣會幫助孩子培養一些關鍵能力，例如計畫能力、監督能力和調控能力，這些能力能讓孩子對逆境或順境做出適當的回應。

這項社會科學研究來自世界上最令人尊重的大學，證實了你我本能知道的一些東西。每個孩子距離成功，只差一位關心他們的成人。

每個孩子都需要一個「羅德尼」。

誰是你的羅德尼？

你也擁有一個羅德尼，對嗎？一個即使你不配擁有卻仍然能看到你最好一面的人，一個一心為你的人，一個會適時訓你一頓的人，一個當你在生活中跌倒時願意聆聽你吐露心聲的人。你之所以是現在的樣子，就是因為那個羅德尼。

本書的目標就是以你能力所及，協助你成為最好的「羅德尼」。我所知道的是，在如何真正幫助你的孩子這一方面，我根本比不上你，沒有人能比得上你。在對孩子一生所產生的影響中，與你相比，我甚至無法接觸到他。不過，我確實知道不少

＊ 大量精采有趣的研究顯示，真正的影響只需要一個有愛心的成年人就能達成。如果你和我一樣喜歡「沉迷」於這種研究，那就沿著一系列章節附注讀到最後吧！

關於青少年的事情，或許能夠為你提供助益。我好像一直不遺餘力用我光鮮的簡歷來博取你的信任？好吧，以下我就節錄我的一小段簡歷，來贏得你的信任：

- 在過去的十年裡，我和全世界超過兩百萬名青少年以及關愛青少年的成年人交談過。我把幫助成人了解青少年、幫助青少年了解他們自己，做為我畢生的使命。
- 我幫助問題青少年的行為，被製作成電視紀錄片《青少年的煩惱》（*Teen Trouble*）系列，在美國女性綜藝電視台以及美國有線電視頻道播出。
- 我曾經接受《歐普拉脫口秀》、《早安美國》、《20／20》、《紐約時報》以及其他無數媒體訪談，為大家闡述我對青少年教養的見解。
- 我創建的組織「有愛心的成年人」（One Caring Adult），為全世界父母、教師，以及照顧青少年的成年人，提供多種實用的資源，幫助他們拉拔青少年成長。
- 我的一生中從來沒有輸過四子棋遊戲。

除此之外，在教育孩子方面我還有一些個人經驗。我是兩個孩子，倫敦和凱蒂的父親。儘管我有豐富的專業知識，但有時候我覺得自己根本不具備做一個理想父親的資格。有時候我會發脾氣，會因為內心的不安全感而發洩情緒，會變成一個大傻瓜。有時候，由於我的不成熟，我的做事方式會跟自己在書中提出的建議大相徑庭。可是我拚命想成為一個好父親，我想竭盡所能幫助我的孩子在生活中順利起航，最終把他們培養成為有用之才。

誠然，你我素昧平生，可是，因為你正在讀這本書，所以有一點我很清楚：你想成為更好的父母，你希望這本書能幫助你實現這個目標。

給父母希望和實用的策略

在寫這本書的籌備過程中，我和我的團隊發現，讀者對家庭教育類書籍評價最多的就是這些書「富有哲理卻不實用」。

我和你一樣，覺得這點太令人沮喪了。沒有什麼比這更糟糕的了！知道應該要做點什麼，可是卻不知道該怎麼做。我們希望這本書能給你帶來真正的希望，以及真正可操作的策略。為了達到這個目的，本書分別包含以下三個部分：

第一部分：三種關鍵思維模式

我和我的團隊研究了在教育青少年方面卓有成效的父母、教育者、教練及善心人士，歸納出三項重要的觀察。如果你想對青少年產生積極影響，那麼你就必須學習並領會這三個重點，轉變自己的思維模式。這部分內容將讓你看到希望，幫助你在為人父母的過程中充滿信心。

第二部分：青春期的不同階段

青少年處於快速變化的階段，在研究人員、心理學者、科學家和一群善心人士所組成的龐大團隊幫助下，我們總結出關於青少年最典型的特徵，濃縮成易讀、易消化的簡要說明。這些說明概述了青少年從十一到十八歲，每一年會經歷的特殊變化，也明確概述了在每一個階段，培育青少年的大人需要做什麼，以及可以採取哪些關鍵行動。這部分內容將幫助父母分析青少年的行為舉止和需求。

第三部分：青春期常見的挑戰

這裡有一個「選擇你自己的歷險」清單，列出了你可能會面臨的問題和狀況。針對這些問題和情形，我們會指導你幫助青少年成功穿過這片地雷區，讓他們（和你）的成人之旅更快樂、更完整、更健康。這部分內容包括逐步的引導、可以參考借用的台詞，以及幾十年來從世界頂級專家經驗中蒐集來的最佳範本，能幫助你對孩子的生活發揮深刻的影響。

成為孩子的羅德尼

首先我要感謝你，因為你是一位對青少年充滿關心的成人。青少年是不可思議的準大人，身上混雜著強烈的不安全感和驚人的才華。他們對美好誘人的未來滿懷希望，憧憬著幾乎不可能的光明前途。和青少年打交道，意味著要同時應付一枚硬幣的正反兩面。

在我的辦公室裡，有一幅匾額，上面寫著：「我相信孩子是我們的未來。好好教他們，未來的路讓他們來引領。」

另一幅匾額寫著：「我相信我能飛翔。」

還有一幅寫著：「不要停止相信。」

事實上，我並沒有這些匾額。但是我理應擁有，因為這些話是亙古真理。關心青少年、積極工作，讓他們的生活更美好，確實事關重大。這可不是自我感覺良好的煽情電影，這是無庸置疑的真理。我如此熱愛這項事業是有原因的，因為這是我的故事，我就是這麼過來的。我的經歷就能有力的證明，一個有愛心的成年人能在青少年的生活中產生重大影響。

我們需要成為那種能幫助青少年盡可能實現他們潛能的成人，保護他們脆弱的天賦與才華，為青少年的茁壯成長提供環境和空間。

感謝你已經開始行動。我知道做這件事需要強烈的樂觀主義精神，希望這本書能讓你受到鼓舞，並為你提供一些實用的策略。

所有孩子都需要一個羅德尼。所以，請做他的羅德尼吧！

每個孩子距離成功，只差一位有愛心的大人。

第一部分

三種關鍵思維模式

當孩子很小的時候，你經常累得體力不支。
可是，現在他們長大了，你又常常在精神上殫精竭慮。
更多的憂慮，更多的爭吵，更多的心理較量。
那麼，如何才能讓自己在保持冷靜的同時對他們實施有效的管教呢？
在工作中，我碰到過、採訪過、研究過成千上萬名父母和看護人，
其中那些在教育孩子方面非常有效的成人，
對下面三種思維模式有著深刻的理解：

- 青少年比看起來更需要你
- 遊戲規則已經改變，你也要改變
- 你需要幫助

我們不妨向他們學習。如何？

第一種思維模式：青少年比看起來更需要你

在我十歲的時候，幾乎所有同齡男孩都急切盼望著快快長高，焦急等待著那一刻，去乘坐「德克薩斯巨人」，那是當時世界上最快、最長的木製雲霄飛車。

我用自己那高度發達的十歲的大腦敏銳分析著：從這些車廂傳來的尖叫聲意味著這絕不是一個普通的遊樂設施。不！我知道周圍的這些大人太瘋狂了，他們根本不明白：這個雲霄飛車實際上是個木製的死亡機器，設計出來的目的就是要把我和周圍的人甩出去，活生生摔死。

我站在隊伍裡，緊挨著史培利女士，她是我們家的老朋友。出於好心，她帶我和她的孩子去六面旗公園玩。這個女人讓我大吃一驚，做為當地一所小學的教師，一個公職人員，她居然對我年輕的生命這樣滿不在乎。

我想過大聲呼救，可是很顯然沒用，和我站在一起的是一排像旅鼠一樣愚蠢的人類，他們慢慢邁向那個木製的死亡機器。於是，我隨著史培利女士上了德克薩斯巨人。

而後，我發現了更恐怖的事情。

德克薩斯巨人上根本沒有安全帶！

只有一個安全壓桿，一根簡單的金屬條，可以把大腿固定住。

我驚愕的環視著周圍。

居然沒有安全帶？沒有五點式安全帶？難道這些人都不想活了嗎？

我使勁拉了拉那個安全壓桿，又猛然拽了拽它。我試圖站起來，迫使它打開。我不停推它、試驗它，用雙手拉它。

我推它、按它，不斷試驗那個安全壓桿，難道我希望它失靈嗎？難道我希望彈簧鬆開，然後我從德克薩斯巨人裡射出去，希望自己年紀輕輕就被活生生摔死嗎？

當然不是，我那麼做是因為我需要確認那個安全壓桿是否能撐得住。

青少年也是同樣的心理。

他們會不斷試驗你，看看你是否像雲霄飛車的安全壓桿一樣撐得住。

他們測試你，刺激你，推開你，是因為他們需要知道，在其他東西都不確定的時候，你是可靠的。

你很穩固。

你很安全。

你撐得住。

青少年最缺乏和最需要的東西

由全球戰略小組進行的一項對基督教青年會的青少年和父母的調查發現，青少年最擔憂的（超過其他所有的害怕和擔憂）是……

等一下……

沒有足夠的時間和父母在一起。

什麼?!你很可能在想：「這根本不可能是真的。我覺得他們的頭號憂慮是如何不惜一切代價避開我。」

出人意料的是，與其他事情相比，青少年更關心如何能與家人共享珍貴的家庭時光。對孩子來說，這比成績重要，比朋友重要，比蕾貝卡能否原諒尚恩親吻了德蕾西重要。調查還顯示，所有年齡段的青少年都因為缺乏與父母在一起的珍貴時光而擔憂。

與青少年的擔憂相反，父母更關注外來威脅（比方說毒品和酒精）。對於父母來說，與家人共度珍貴時光在關注優先順序上只排第四位。

也許青少年最需要的東西，父母卻忽略了呢？

一九九〇年，一個叫做「研究學院[1]」的組織成立，著手研究兒童和青少年。具體來說，他們對下面這個問題的答案很感興趣：「為什麼有的年輕人走向成功，對社會做出貢獻，有的卻沒有？」為什麼有的年輕人在艱難困苦中通過挑戰，獲得了出人意料的成功，而有的人卻被困住了，深陷其中不能自拔？究竟是怎麼回事呢？

從不同背景、不同狀況的五百多萬兒童和青少年身上蒐集來的數據，出奇一致的揭示了一些令人驚奇的現象。「研究學院」發現孩子身上有一種可稱之為資產的東西在發揮作用。資產的一半是內在的，即積極的性格特徵和價值觀；另一半是外在的，即有利的外部環境和經歷。研究結果清楚表明，一個孩子擁有的資產愈多，就愈有可能取得成功。這些資產包括[2]：

外在資產：有利的外部環境和經歷

- 家人的支援：家人給予了高度的支持和愛。
- 為他人服務：年輕人每週至少做一個小時社區服務。
- 界限：家庭和學校都有明確的規矩和懲罰措施。
- 有效利用時間：年輕人每週花一定時間從事創造性藝術，進行體育活動，參加青少年活動，或者陪伴家人。

---

1 機構的創立是在手機、Google，甚至超級男孩（N Sync）出現之前。我知道，這非常古老。

2 這項研究很吸引人。這裡不做詳細描述，不過如果你想弄清楚，可以在研究學院的網址（search-institute.org）上檢索「40 Developmental Assets for Adolescents」。

內在資產：積極的性格和價值觀

- 努力學習：有在學校好好學習的動機，並且積極投入學習。
- 誠實正直：有信仰理念，並能夠時刻保持誠實正直。
- 計畫和決策：知道如何提前制定計畫和如何做出選擇。
- 積極態度：對個人前途積極樂觀。

簡單來說，「研究學院」的調查結果就是：青少年獲得的內在和外在的資產愈多，他們成功的機會就愈大。

有利的環境＋積極的性格＝成功[3]

你出現的時候

回想一下你自己的青少年時期。想一想，在你的生命中，誰是對你來說最重要的成人以及對你影響最大的成人？是哪個教練、哪位教師，還是哪個親人？

這些人有什麼共同點呢？我認為他們都刻意為了你的利益而有所犧牲。他們費盡心思鼓勵你；他們始終如一支持你；他們是你尊重的成人；他們清楚表明，他們的存在就是為了你；他們敦促你做一些你以為自己做不到的事。這就是「研究學院」從五百萬份調查問卷數據中分析出的背後隱含資訊。

積極的性格特徵之所以存在，是由於看護人的培養。有利的外部環境之所以存在，是由於看護人的創造。這些東西不會從天而降，不會像獨角獸那樣魔幻般出現，而是像你和我這樣的人刻意陶養的結果。你是處在重視鼓勵的學校文化氛圍裡嗎？那是成人努力工作營造出來的。你有豐富的課外活動來塑造你的未來嗎？那是成人努力鑽研設計出來的。你學會如何妥善處理矛盾了嗎？那是成人教給你、示範給你的。

在研究完這項資料之後，「研究學院」的負責人彼得．班森總結說：「要是沒有人為孩子的健康成長做出貢獻，沒有人為他們承擔起個人的責任，那麼，他們的經歷不可能從根本上發生

3 實際上，「研究學院」在一項追蹤調查中發現，與父母都是中等以上收入但只有十項或以下資產的白人孩子相比，少數民族、單親家庭、有資格享受免費或折扣午餐的孩子，以及擁有三十一到四十項資產的孩子，更有可能成功。

改變。」

彼得說的那些「人」，就是我們，就是你和我。

父母從來不知道自己有多重要

在開發以及培養青少年成長的資產方面，父母的潛在影響最大。因此當基督教青年會的研究人員說，孩子本能上想和他們的父母多待一會兒的時候，不過是在重申這個真理。孩子知道他們需要從父母那裡得到些什麼。他們或許無法描述出那到底是什麼，但是內心卻知道自己需要什麼。

那個雲霄飛車太嚇人了，而那個安全壓桿能確保他們的安全，這一點他們懂的。父母的擔憂也無可厚非。有些自暴自棄的選擇會阻礙青少年的發展，甚至摧毀青少年的前途。只是父母沒有意識到，防止孩子自暴自棄最好的解決措施，恰恰在於父母本身。

那麼，做為父母，我們該怎麼做呢？通常來說，隨著孩子進入青春期，父母和他們在一起的時間愈來愈少。據統計，孩子十二歲之前，爸爸和孩子單獨在一起的時間每天平均約二十六分鐘，可是等孩子到了青春期，他們單獨待在一起的時間降到了每天不足九分鐘。當孩子還小，媽媽和孩子單獨在一起的時間每天平均約三十一分鐘，但是一旦孩子成了青少年，這個數字降到大約每天十一分鐘。

我懂了：當青少年（或其他人，就這件事而言）讓你抓狂時，你最不想做的事情就是和他們待在一起。如果他們推開你，刺激你，反覆測試你，實際上代表他們需要你，可是，他們卻不懂得用言語表達自己的需要呢？也許這是由於他們害怕而故意掩飾呢？

如果把青春期比擬成雲霄飛車，而你就是那根安全壓桿呢？如果按照我們本能的反應而退卻，並不是正確的選擇呢？

總結一下：

兒童每天和爸媽在一起的時間，加起來大約有五十七分鐘；
青少年每天和爸媽在一起的時間，加起來大約只有二十分鐘。

恰恰在他們想要和我們多待一會兒的時候，做為成人的我們，反而在他們身上縮減了幾乎三分之二的時間。

只有當青少年對你完全敞開心扉時，他們才會告訴你，他們內心最想要的是有更多的時間和爸爸媽媽在一起。出於本能，你可能也知道，這是他們的心裡話。

孩子需要你的陪伴。

這對你意味著什麼？

你一定聽過「種瓜得瓜，種豆得豆」的說法，可能你七年級的籃球教練說過，或許你的高中英語老師也說過。當你試圖對青少年的生活施加影響時，也是一個道理。你對他的關注程度、在他身上花費的時間不同，結果也會大不相同。

高品質的共處時光，源自充裕的陪伴時間。如果你希望與孩子的關係從根本上得到改善，那麼你必須增加在他們身上投入的時間。

很遺憾，這種事情沒有捷徑可走。

任何告訴你有捷徑的人，很可能在試圖賣些什麼給你。因為你根本不能策劃，讓非常特別、令人驚奇的瞬間恰好發生在下午七點二十三分。這些瞬間只會碰巧發生。

出現的力量

從事青少年工作將近二十年之後，我知道，青少年是個謎。他們有時冷漠寡言；有時情緒多變；有時傲慢自大。

沙林傑的著名小說《麥田捕手》的主人公霍爾頓．考爾菲德，為我們淋漓盡致的展現了做為一個青少年意味著什麼。這是一個很觸動人心的故事，霍爾頓想要做的很多，可是卻什麼也沒做成。他一遍又一遍說他恨一切虛偽，可他自己卻常常對別人撒謊。他極其迫切的想讓每個人喜歡自己，但表現出來的卻是冷漠且固執己見。他想改變世界，可是他卻什麼也做不了。可以說，霍爾頓．考爾菲德精準的展現了一個現代版青少年形象。實際上，他的性格特徵是文學術語「不可靠的敘述者」的典範。

不可靠，這是問題的關鍵。當你還是個青少年時，似乎一切都是不可靠的。在你青春期的生活裡，一切都在變。每個人對青春期的問題都感到如此恐慌。每個人都知道將有重要的事情在他們身上發生，一些將改變他們、使他們就此定型的事情。但是，他們沒有足夠的生活閱歷去看穿那令人害怕的迷霧。於是，每個人心中只剩下令人恐懼的不安和害怕[4]。

這就是你該出現的時候。

沒錯，我指的就是：你該出現了。

有一個成人對青少年說：「嗨，我關心你，我願意為你擠出時間。」想想這對青少年來說意味著什麼呢？出現是一種表達方式，是在告訴青少年：我又出現在你面前了，這就是我關心你、在意你的證明。

---

4 天主教神學家是對的，在天堂和地獄之間有一個人們贖罪的地方，那個地方就叫初中。

對青少年來說，最重要的事情就是能夠證明有人喜歡自己。在一個充斥著愛是有條件的，愛是建立在表現、外貌、人氣這一切基礎上的社交世界裡，青少年真切渴望有人對他們感興趣、有人會照顧他們、有人為了他們而存在、有人願意把時間和注意力集中在他們身上。

基督教青年會的研究和「研究學院」的調查有一個共同發現：儘管孩子對你嘆氣、翻白眼的頻率達到了史上最高水準，可是他們想要你的陪伴，他們需要你的陪伴。

當我提到大部分父母在孩子的青春期開始脫身時，很可能會在內心進行一次自我審視，不論是在孩子身上投入的時間，或是對孩子的關注程度。如果你屬於我接觸過的大部分父母，你很可能會意識到自己就是這麼做的。

是改變這種趨勢的時候了！是該關注他們的時候了！

一些父母在面對這個現實的時候，會爭辯說：「你是誰，憑什麼敢說我做得不夠？」

一些父母在面對這個現實的時候，試圖為他們的缺席做合理的辯解：「你不了解我的壓力有多大。」

還有一些父母在面對這個現實的時候，陷入了深深的內疚：「是我太糟糕了，沒有我，他們的生活會好一些。」

我知道這些是最慣常的反應，這三種回答我都用過。可是，這麼回答並不能解決任何問題，不是嗎？

如果你家裡的水管爆裂了，你就不能假裝家裡的室內游泳池有多好玩。你也不能說：「我是個很糟糕的主人，我早就應該知道水管快要破裂了。」

當水管破裂時，你要修好它。

因為你是成年人。

打破青少年魔咒需要時間

1 安排你們的專屬時間

如果你看重和孩子的關係，那麼你應當把與他相關的事當做頭等大事。你要留出專門的時間和他們待在一起。你可以每個月選擇一個專門的、固定的時間（例如：每個月第一個星期五的晚上），留出那段時間，與孩子單獨交流。

專家建議：先提前在你的日曆上標注出你們約定的日子。

前陣子，我突然意識到，如果我非要等到有整整一週的自由時間才去度假，那麼我可能永遠也度不了假。生活總是會以某種方式侵占你的排程。所以，現在我會優先規劃我的假期，我會提前用鋼筆標記在日曆上（「鋼筆」指的是「紅色」字體，「日曆」指的是「Google 日曆」）。那個星期對於其他安排來說是禁區。對和孩子約定交流的日子，你完全可以採取同樣的做法。

檢查你的排程，然後把它標注在你的日曆上。

2 絕不取消約定

不要讓任何事打擾這一晚。取消約定比壓根不約更糟糕。如果你很難對其他人說「不」，直接告訴他們：「很抱歉，我那個時間有約會了。」或者說：「真抱歉，我那會兒有一個重要的會議。」沒錯，你確實有一個重要的會議，這不是撒謊。千萬不要取消約定。

專家建議：嚴肅認真對待，絕不取消約定。

你一定要確保自己讀過第二條了。除非有人死了，或者你骨折住進醫院了，否則，連取消和他們約會的念頭都不要有。我告訴你，那樣做，你會失去他們的信任。

3 讓約會變得有趣

不要花費整個晚上的時間去探討如何讓你們的關係變得更好。這幾乎從不奏效。把時間用來做一些你們都很喜歡的事。實際上這樣才會讓你們的關係變得更融洽。列一個清單，寫出你最想做的事情，也讓孩子列一個同樣的清單。看百老匯音樂劇，看當地的體育比賽，周邊名勝古跡一日遊，去他們喜歡的超酷、超有意思的餐廳，什麼都行！對照雙方的清單，然後一起規劃做這些事情的時間。

專家建議：注意細節。

你是成人。所以，你得積極主動的去買票，去做其他準備事宜。

4 要有心理準備，這個約會可能不會那麼順利

你必須相當成熟，因為青少年很有可能會激怒你。生活中沒有什麼美好或重要的事情是毫不費力或沒有阻力就能完成的。生活中不必花費氣力就能自然生長的，恐怕只有滋生的真菌、蔓延的野草和不斷增長的體重了。因此，對於碰壁，你要有心理準備。青少年可能會對你無禮、冷淡你、疏遠你，或者沉默寡言。恭喜你！你擁有的是一個貨真價實的青少年。你必須迎難而上。要相信，你們在一起的時間是一個播種的過程。不斷實踐，你會做得愈來愈好，就像你做其他事情一樣。不要灰心喪氣。如果你感覺你們之間什麼事都沒發生，那太好了，這就是最好的效果！

專家建議：有目標的訓練，而不只是嘗試。

如果我讓你現在去跑馬拉松，你很可能做不到（除非你是一個有耐力的優秀運動員）。如果我告訴你，去跑馬拉松非常非常重要呢？這能幫助你跑完全程嗎？如果我鼓勵你「竭盡所能」而且「真真正正去努力」呢？會幫助你跑完四十二公里嗎？不會。因為你不是「嘗試」去跑馬拉松，你得去「訓練」。每個月都是一個變好的機會，都是一個構建、改善你和青少年彼此關係的

機會。這些是訓練步驟。所以，採取行動吧。現在就開始訓練。

你有兩個選擇

我曾看過一些父母，他們和孩子的關係已經糟糕到令人難以置信的地步，他們的情形似乎讓人絕望。我也看到，那些有意識優先考慮孩子的父母，無論在時間上或是精力上都會特別關注他們的青少年。通常，在這樣的付出下，我們總會收到切實的回報。

我不敢保證事情會十全十美。但是我敢保證，情況會有所好轉。

最困擾父母的事情，就是那種使人不安的感覺：我原本能做更多。後悔是一種很強大的力量。把你的時間和注意力集中在孩子身上，你將能安心坐下來，並且做出一個問心無愧的評價：「我盡我所能了。」

我不確定結局會是什麼樣子。我沒有特異功能，也沒有一輛一九八五年版的迪倫羅飛天跑車。但我知道，你有兩個選擇。

選擇一：盡你最大的努力去幫助他。

選擇二：逐漸擺脫他，然後認輸。

我並不認為選擇二可以成為一個選項，就像我覺得你根本不會選它一樣。

你那十幾歲的孩子值得你多花些時間。我知道這很難，因為你不會在孩子身上迅速看到實效，抑或出現一點點改變可證明你正在做的事情是有用的。有時候，你甚至覺得好像沒有人會注意。但那不是真的，即使你覺得很像真的。

沒有人會為你正在做的事情而頒發獎章給你。當一根雲霄飛車上的安全壓桿，是一種吃力不討好的事，不是嗎？但是，從實實在在的人身安全角度來說，在那個巨大的、複雜的雲霄飛車的所有零件中，最重要的就是那個安全壓桿了。

讓我們都來好好做安全壓桿吧。

青春期的孩子會像我對待雲霄飛車上的安全壓桿一樣，不斷考驗你，看看你是否可靠。

第二種思維模式：遊戲規則已經改變，你也要改變

當我還是個孩子的時候，我最喜歡看的一檔電視節目是《吉利根的小島》（*Gilligan's Island*）。節目組跟隨一個有七名成員的旅行團，從一個熱帶港口起航，途中遭遇了颶風，所有人被困在一個荒無人煙的小島上。這個節目的有趣之處在於七名漂流者性格迥異而又各具特色。

- 一位才華橫溢的教授，可以用椰子殼和備用電線做出一台能聽廣播的收音機，可是卻修不好船上的一個小洞。
- 一位船長，一不高興就拿他的帽子打人，可是他張嘴閉嘴都是「兄弟」。
- 金吉兒．葛蘭特和瑪麗．安．薩默斯，兩個人總是永無休止爭論著：全世界哪個男人更完美呈現了理想化的美[5]。
- 心地善良但有點缺心眼的大副吉利根，不知道為什麼，那個島嶼是用他的名字來命名的。不過，裡面我最感興趣的兩個人要數瑟斯頓．豪威爾三世和他的妻子尤妮絲。他們原是億萬富翁，來到島上之後突然發覺自己什麼都不是了。他們兩位承包了這檔節目的笑點，雖然被

困在孤島上，他們仍舊試圖保持他們豪奢生活方式的假象。於是觀眾笑了，因為豪威爾夫婦沒有意識到整個遊戲已經變了。這是豪威爾夫婦的滑稽之處。即使周遭一切都變了，他們自己卻不想改變，他們拒絕接受現實。

那麼，問題來了。我覺得，我們當中很多人與瑟斯頓・豪威爾三世和尤妮絲一樣有相同的感受。許多父母在某個時刻突然感覺對他們來說遊戲變了，可是他們更喜歡原來的遊戲。某一天，你醒來之後，覺得幾乎一夜之間，你可愛、天真、單純的孩子變成了一個讓人捉摸不透、完全陌生，甚至有時讓人匪夷所思的青少年。

星期二晚上，你如常地上床睡覺；可是，星期三早上起床之後你發現遊戲完全變了。就像前一刻你還乘著一條精美的小船在漂流，而下一刻卻被困在了一個荒無人煙的島上。

我們有這樣的感覺也不足為奇。因為從很多方面來說，這一點是千真萬確的。

5 我不想深入談論這一點，因為這樣的討論會引起沒有必要的分歧。不過我要說：我的妻子曾經是加州大學洛杉磯分校戲劇專業的學生，所以很明顯，我是金吉兒那派的。

你必須改變

當孩子長到十幾歲時，他們在身體、認知、情感，以及社交範圍等各個方面都會發生巨大轉變。於是，他們需要從父母那裡獲取的東西也不一樣了。

人生有許多重要的節點，往往要求我們快速而且幾乎是立即做出改變，導致我們覺得還沒有準備就緒就得去應對。大概所有父母都還記得，他們把第一個孩子從醫院抱回家的那一刻。從過去的二人世界到平添了一個全新的生命，說起來毫不誇張，似乎一夜之間一切都不同了。

當孩子長成翩翩少年時，也是如此。遊戲規則已經變了，如果你不跟著改變的話，就不能有效應對。

「那麼，我該怎麼做呢？」我很高興你能這麼問。

你原來的角色：航空管制員

當孩子還小的時候，由於其身體各方面都還很脆弱，生活上幾乎完全依賴他人，大人必須積極、未雨綢繆的提供孩子保護和哺育環境。這是航空管制員階段。在這一階段，你要全權安排他們吃什麼、去哪裡、和誰玩、什麼時候上床睡覺、什麼東西可以放進鼻子裡。因為，就像航空管制員一樣，如果你沒做好自己的工作，就會有人受傷。孩子生活的方方面面，你都需要時刻保持警惕並深思熟慮。不止於此，你得知道，如果你不這樣做，就是不負責任。

曾經他們需要的：保護和哺育環境
曾經的他們：幾乎完全依賴他人
你曾經做過的：掌控他們生活中幾乎每一個細節
你的期望：他們健康茁壯成長

你的新角色：教練

航空管制員的角色是很棒的，但是，最終他將不再奏效。有些在一段時期內非常重要的策略，會突然之間變得不再重要。就像牛奶，對大一點的孩子來說不再起主要作用，他們會吃其他主食。當然，你要是患有乳糖不耐症的話，牛奶會一直讓你感覺發脹，會對你一直起作用。（我覺得這個比喻不太恰當。）

設想一個年輕人，將要開車去上大學。當他走到車旁，他的父親或母親把這個發育成熟的年輕人抱起來、放進車裡、伸手幫這個年輕人繫上安全帶。這讓人覺得簡直不可思議，對吧？

為什麼呢？因為孩子已經處在一個不同的階段了。孩子一旦進入青春期，他們需要從父母那裡得到的東西完全變了。這似乎讓人覺得不能接受，因為完全相同的方法，過去非常有效，現在卻絲毫不起作用，太令人沮喪了。

如果你還是像航空管制員時期那樣，繼續嘗試控制你家那個青少年，必會適得其反。這實在是太糟糕了，因為你花費了過去十年的時間，學習這個角色，完善這個角色，現在你已經很擅長這個角色，卻不再能滿足孩子的需要了。

就培養青少年而言，要嘛你牢牢管著他們，要嘛讓他們自己成長，但是兩者不能兼得。

想一想：過不了幾年，你就得把他們送出家門。他們會面臨各種困難棘手的事情。他們需要自信，需要知道自己有能力處理這些事情。採取教練的心態，讓他們自己應對這些挑戰，讓他們在現實生活中實踐，而你，仍然和他們在一起，只需提供他們指導和鼓勵就夠了。遊戲規則已經改變，所以，你也必須改變。

現在他們需要的：克服生活難題的技能和實踐
現在的他們：一半是自由的尋求者，一半是膽怯的孩子
你現在需要做的：讓他們為將來獨立奮鬥走向成功做好準備
你的期望：他們能夠自我管理和自由成長

教練是什麼？

在我們談論下一個話題之前，我想應該先更正一下「教練」這個詞在你心目中的印象。他不是一個滿臉通紅、亂扔椅子，並且朝著裁判大吼大叫的人；而是一個有愛心的成年人，他訓練運動員，讓他們做好準備，督促並鼓勵運動員去突破自我，超越夢想。

當我還是個孩子就開始打棒球了。許多讓我受益終身的人生經驗，都是教練教給我的。讓我們審視一下優秀教練的兩大特點。

特點1：教練有絕對的權威

你可能會有這樣的顧慮，從航空管制員變成教練，是否意味著家長失去了權威？我們應該清楚：你沒有放棄一丁點做為父母的權威，發生變化的是你行使權力的方式。

想一想，當孩子四歲的時候，你有多少種權力手段可以自由支配：你控制著他的排程、他的交友範圍、他的行蹤去向，甚至他的就寢時間。

現在，他十四歲了，那些權力手段大多不管用了，於是，你不得不利用新的手段。當然，你仍然控制著錢、交通工具、科技產品的使用權。但是最有效的手段必須建立在類似信任、影響、書面約定的規矩以及價值觀等溝通交流的基礎之上。

最好的父母和看護人，對於這樣的權力會感覺到一種「責任的負擔」。他們懂得這是一個神聖的位置，而且他們對此絲毫不敢馬虎。

特點2：教練確實非常關鍵，甚至會決定結局

頂級體育組織不惜重金聘請高水準教練，是有原因的。舉個例子，一九八五年以來，在美國全國大學生體育協會男子籃球聯賽中，有四支球隊比其他實力相當、排名不相上下的球隊平均多贏了十多場比賽。那麼，是什麼造成了這種差異呢？教練！這四支球隊分別由聯盟歷史上最成功的四位教練執教，正是因為這些教練，他們才比水準相當的球隊贏得了更多的錦標賽。

教練會做一些實實在在的事情，像確保隊員的技能不斷發展提高，保證訓練是有序進行，並且在整個賽季的起起伏伏裡鼓舞士氣。這些事情很重要。但是優秀的教練，特別是偉大的教練，還會給隊伍帶來一些無形的東西。比方說，改變團隊的氛圍、促進隊員和諧相處、增進彼此坦誠交流、激發隊員鬥志。做為複雜的社會人，我們每個人的行為動機（氣餒的原因）各不相同。偉大的教練會花時間弄清楚這些事情，並且幫助每個人超越自我，實現夢想。

偉大教練的三個特質

通常，一個偉大的教練需要具備什麼樣的特質呢？哪些關鍵特質能幫助父母從有效的航空管制員轉變為有能力的教練呢？下面這三點你不僅要學會，還要能夠靈活運用。

特質1：關注個性發展，而不是只盯著結果

區分偉大教練和好教練的關鍵，就是看他們強調什麼最重要。好教練強調獲勝，強調結果至高無上，而偉大的教練卻很少談論結果，因為他們懂得我們控制不了結果。超出我們控制能力的事情常常發生：傷病、運氣不佳，或者碰到更強大的對手。不過，雖然我們控制不了結果，但我們能夠控制我們的準備、我們的性格，以及我們如何應對勝利和失敗。偉大的教練知道，生活遠不止我們可能取得或者無法取得的成就，生活關鍵在於我們的內心。

偉大教練的故事

麥特和其他二十多個同事剛到一所高中時，學校資源短缺、學生成績不佳、教師的收入也很低。做為一名新進教師，麥特意識到自己的任務特別繁重。他不僅需要弄明白如何教英語，還得學會如何教好英語。學校學生整體成績很差，大部分學生的英語程度比所處年級應有的程度至少低一到兩個級別。

麥特知道，如果想讓他的學生達到應有的程度，他需要在短短一年之內，幫助他的學生提高一點五個年級水準。此外，這所混合制學校正遭受一樁種族矛盾導致的謀殺事件的打擊，學生受到巨大的精神創傷，教師的流動大量且頻繁，管理層幾乎徹底換血，情況簡直一團糟。

在他任教的第二年，新上任的校長安排麥特開設大學先修英語課程。麥特隨後做了一些很特別的事。在這個表現較差、資源短缺的學校，麥特開始動員自己班級裡有潛力的高二學生，鼓勵他們在高三時，選修大學先修課程。他向同事打聽他們教的高二學生中誰有上大學的潛力，並且也去動員那些學生。但是，幾乎所有人，包括他的同事，都在旁邊潑冷水：「難道你不知道大學先修英語課程的測驗有多難嗎？那和大學二年級英語難度差不多。」學生沒信心：「我肯定過不了那個考試。」這些學生的父母更是不支持：「我的孩子在一個更適合他程度的班級，難道不是更好嗎？」麥特只能更努力去勸說，憑著他的個人魅力，最終說服了五十八名學生報名參加高三的大學先修課程。這些人足夠開兩個班了。

接下來的一年，麥特給這五十八個學生上大學先修英語課程[6]。五月份，所有人進行了一次考試。這個考試總分為五分，三分及以上算通過，四分或五分基本可以保證能申請上大學了。這次考試，麥特的五十八個學生中，只有十個人通過。

只有十七%的通過率！

麥特成了眾矢之的，甚至當地教育局也不喜歡這個看起來糟糕的數字。「要不明年我們只開一個小班？」他們說，「這種失敗率太令人難堪了。」

和往常一樣，麥特回絕了。

「失敗？失敗！你知道為什麼我的學生今年沒有通過大學先修英語課程考試嗎？」他反問道，「他們沒有通過，是因為，我的五十八個學生中有二十五個在他們成長的家庭裡不說英語。他們的母語不是英語。而這次考第二部分的自由作答題是一首威廉·布萊克於一七九四年寫的詩歌。一七九四年！那個時期使用的英語，對這些母語非英語的學生來說太古老了，他們看不

6 麥特碰到了一個難得的校長，他為麥特選配了一位輔導老師，還聯繫並請一位非常有才能的退休英語教師回來協助麥特。這兩位年長的教育者理解麥特正在做的事情，每週都和他碰面，幫助他提高教學品質，讓他成為一個更好的教師。

懂，因為現在的英語與那個時代相比，變化很大。」

「但是，第一部分和第三部分主要考查現代詩人的現代派詩歌。這兩部分，他們都通過了。這是資料。他們通過了。這意味著什麼？去年我們還沒有一個學生參加大學先修英語課程，可是今年我們有五十八個學生參加了，而且所有人在考試的某一模組中都得到了通過的分數，寫出了大學生水準的詩歌分析或者散文評論的文章。」

「我的五十八個學生每天放學後都留到很晚，全體一起分析佛洛斯特、狄金森、朗斯頓．休斯的詩歌；我的五十八個學生，今年每個人都讀了五本經典小說，並且五本都讀懂了；我的五十八個學生，他們自願在高三放棄輕鬆的路，而是要求自己達到大學學術水準；我的五十八個學生，他們都一心向學。這不是失敗，這是個鼓舞人心的成功。明年，我需要開設三個班的大學先修英語課程，因為我必須。」

毫無懸念，麥特如願以償。他用更大的努力在學校和周邊地區遊說，最終又多開了一個大學先修英語課程班，並吸收更多的學生報名參加。在之後的幾年，學生的通過率一點一點提高，只是幅度不大。但那對麥特來說並不重要。

每年畢業典禮上，麥特都會做為高三推選的四位老師之一，享有陪伴畢業生走上講台的榮譽。十七%的通過率從來都不是麥特追求的結果，因為他從來沒有把注意力放在結果上。他想幫助他的學生明白，為了他們自己的教育而努力學習、團結合作、全心投入，在巨大困難面前勇於承擔責任、想方設法解決問題、能夠做到百折不撓，比得到用數字表示的級別更加重要。

這是那些學生永遠也不會忘記的道理。

特質2：刻意討論「毀滅性」失敗

毀滅性失敗是那些會嚴重擾亂一個人的生活的失敗。這種失敗對一個人的潛能會有極大的損害。在人生的種種境遇中，如果一個人遭遇了毀滅性的失敗，他成功的機會就變得很渺茫（或者從統計上來看近乎不可能成功的程度）。可是，偉大的教練會談論這些毀滅性的失敗，因為對他們的隊員來說，這些失敗是真實的，後果是極其嚴重的。

青少年的父母經常會情緒崩潰是可以理解的。因為很多青少年就是有這樣的本事，他們能讓自己做出的選擇帶來難以挽回的慘敗結局。

幾年前，美國國家政策分析中心做了一項涉及三千一百萬美國人的研究，根據最新的美國普查資料，這些人的家庭收入都處於貧困線以下。一位政策研究顧問仔細篩查這些資料，發現來自貧困家庭的人如果能做到以下三件事，就有超過八十%的可能擺脫毀滅性的長期貧困：

1 高中畢業；
2 至少二十一歲以後再結婚；
3 等結婚後再生孩子。

可是，如果一個人在這三件事當中連一件也做不到，那麼情況反轉，這個人有將近八十%的可能會長期生活在貧困中。

我不是說經濟拮据是一個無法踰越的挑戰。我只想說在經濟拮据的環境中取得成功是非常難的，我們從研究中獲悉，這會極大的限制一個人的發展。如果有可能幫助青少年取得成功，我們希望傳授給他們最好的方法，這也意味著，我們需要討論怎麼才能讓他們遠離毀滅性失敗的路。

想想你關心的那個青少年。什麼樣的失敗是你不惜一切代價想讓他們避免的？可能是：懷孕、濫用毒品、酒駕、輟學、交不三不四的朋友。你應該馬上開始和他談談這些事，開誠布公的談。

偉大教練的故事

薇薇安是一名高中生物老師。每年畢業舞會之前的星期五，她都會提前二十分鐘結束她所有的課程。然後用這二十分鐘進行一個非常特殊的課程計畫。薇薇安會在白板上放映她在高中舞會時的照片。孩子看到一頭秀髮的薇薇安和她年輕的容貌，都開心得不得了。他們開玩笑說，真希望生活在那個古老的年代。而後，薇薇安會展示一張橡樹的圖片，這株古老、高大、粗壯、長滿了節瘤的橡樹，位於一條看起來曲曲折折的鄉間小路旁。接下來，薇薇安會給她的學生講述（他們都是高二和高三的學生）為什麼這棵樹對她那麼重要。

要知道，照片上的薇薇安還是個高二的學生，有一個叫諾亞的年輕人邀請她去參加畢業舞會。諾亞設法獲得了家人的允許，開著爸爸的車載薇薇安和其他朋友去參加舞會。那可不是一輛普通的車，它是一輛一九五六年產的雪佛蘭貝爾敞篷車，太妃糖蘋果紅的顏色，引擎蓋下配置著一九七八年產的雪佛蘭科爾維特四三〇馬力的八缸汽車引擎。那輛車真的很酷。

諾亞把薇薇安和其他兩位朋友接上車，他們一起在舞會上度過了一個美好的晚上。但當諾亞開車把薇薇安和她的朋友送回家之後，自己開車去了一條偏僻的小道。他把油門踩到底，想看看這輛車到底能跑多快。他加速飛馳開往前面一個小山坡，想在那裡透透氣。他以每小時超過一一〇公里的速度，衝上了那個小山坡。可是，隨後汽車失控了，直接撞上了那棵老橡樹。

由每小時行駛一一〇多公里瞬間停下而產生的巨大衝擊力，讓諾亞的安全帶像鐵絲一樣切穿了他，救護人員當場宣布他的死亡。

每次講述諾亞的故事，薇薇安都會沉浸於一個璀璨生命過早結束的悲傷中，淚流不止。不過，她的學生清楚明白了她的意思：安全駕駛、不要酒駕、不要搭乘喝醉人的車、不要逞男子漢氣概、不要飆車、不要炫耀賣弄，因為這可能會導致毀滅性的失敗。薇薇安每年有數不清的課程，但是這個課程每個學生都記得。主要是因為，她不回避自己脆弱的一面，誠懇的和學生討論這個毀滅性的失敗；而且學生也知道，薇薇安這樣做是因為關心他們。

特質3：用價值觀而非情緒來管教孩子

當你想像那些偉大教練的時候，你的腦海裡很可能會出現一些脾氣暴躁的人。也許你腦中會浮現一些畫面：他們朝裁判或者仲裁人員大喊大叫，或者衝著他們的隊員狂吼，又或者用他們的膝蓋折斷寫字板，或者，如果你是從印第安那州來的話，可能會想像出椅子從賽場的另一頭扔過來的場景[7]。

儘管爆發負面情緒是人之常情，但是，這些極端情緒可能會分散隊員的注意力，甚至對隊員造成傷害。

當青少年做錯事、表現得叛逆，或者公然頂撞我們的時候，我們內心常常會有一股無名之火想要爆發出來。但是就我個人而言，我發現，發脾氣根本於事無補。

有些父母會咄咄逼人、情緒衝動、歇斯底里。他們這樣做往往是為了重新控制局勢，結果通常情況下卻因負面情緒的爆發而被孩子輕視。

有些父母剛好相反，他們沒有勃然大怒，而是「獨自生悶氣」。他們太生氣了，氣得把自己的情緒封閉了起來。有人將這種行為稱為「不理不睬」「回避策略」或者「冷處理」。不管叫什麼，結果都一樣：這是一種情感的退卻。從某些方面來說，這樣做可能更危險。因為這些情緒都隱藏起來了，朋友及家人觀察不出也發現不了你哪裡不對勁，不知道你需要幫助。

不管你有哪種傾向，結果都一樣：你被情緒控制住了。可是，當你和青少年打交道的時候，你必須記住誰是成人，誰需要在行為上表現得更成熟一些。不要感情用事，要基於價值原則行事。

管教孩子的關鍵是要確立協商一致的目標，並且概述出清晰無誤的特權和後果。負面情緒的爆發（不管是向外爆發還是向內爆發），幾乎從來不會成為有效的措施而發生作用。如果，你

---

7 印第安那大學教練鮑比．奈特以脾氣暴躁著稱，有場比賽奈特對裁判的判罰不滿，當場抄起鐵椅子朝裁判扔過去。雖然沒打著，但是把全場人都嚇到了，鮑比教練也因此聞名全美。

事先下功夫制定了大家都同意的明確獎懲條款[8]，確立了價值觀並且有勇氣堅持遵守這些條款，那麼遇事時你就能控持情緒，而控持你的情緒能幫你掌握局勢。

偉大教練的故事

一九七二年美國全國大學生體育協會男子籃球賽季結束時，加州大學洛杉磯分校的全明星中鋒比爾·沃頓決定好好釋放自己，他是當時歷史上最好的大學籃球運動員。暑假裡，他先是和「感恩而死」樂隊巡迴演出，然後，背著背包前往內華達山脈的約翰·繆爾步道徒步旅行。之後，沃頓燙了一個厚厚的紅色爆炸頭和一個會讓伐木工人或金霹[9]都羨慕的大鬍子回來參加訓練。這一切聽起來很不錯。可是，他的教練約翰·伍登對運動員有一項嚴格的要求：不許留鬍子，而且頭髮長度不允許超過五公分。

伍登皺了皺眉：「這是什麼？這不行。」他邊說邊拽沃頓的鬍子。沃頓不敢相信教練會這麼做。他進了伍登教練的辦公室，放下自己的行李。沃頓剛剛帶領加州大學洛杉磯分校球隊打了一個所向披靡的賽季，贏得全國的冠軍，而且他本人還獲得年度最佳球員。伍登教練似乎有點兒不近人情。他沒有權力限制球員展現自己的個性。

「看來這種用頭髮來表達個性的方式對你非常重要。」伍登說道。

「是的。」沃頓回答道。

「你說得很對。我沒有權力告訴球員留不留短髮。」

「沒錯。」沃頓說。

「但是我卻有權決定誰能上場打球。」伍登說道，「而且，我們肯定會想念你的。」

意識到伍登不是在開玩笑之後，沃頓跳上自行車，以最快速度騎到附近的一家理髮店，命令理髮師剪掉他所有的頭髮。就在理髮的同時，沃頓坐在椅子上，用一次性塑膠刮鬍刀刮掉了自己的鬍子。當他趕去參加訓練時大約晚了五分鐘，伍登沒有教訓他。那個賽季，加州大學洛杉磯分校又一次無人能敵，又一次獲得了三十比〇的全勝戰績。但是，沃頓從來沒有忘記伍登給他上的這一課：所有的紀律源自清晰明確的價值觀。

---

8 在本書的第三部分我會詳細介紹該怎麼做。

9 電影《魔戒》中的大鬍子矮人。

偉大的教練該怎麼做？

讓我們來點實際的。我們已經談論了教練是什麼，以及偉大的教練都有什麼特質，現在，我們需要談一談偉大的教練該怎麼做。在青少年的生活中扮演一個教練、一個有能力的父母，意味著什麼？

賽前↓排練

關鍵問題：青少年需要準備面對哪些潛在的挑戰？

教練的其中一項責任，就是幫助隊員模擬真實比賽環境、減輕壓力、克服恐懼心理。這就是練習的目標。要做一個能對青少年產生影響的教練，你得進行一些練習。通常的方法是問問你自己，孩子可能會面對什麼特殊的情形？為了幫助他們準備面對這些特殊的情形，你能做些什麼？

遇到問題時，我覺得問自己這個問題非常有效：「在這個情形下，我的孩子將要面對最壞的現實情況是什麼？」然後我按照「抱最好的希望，做最壞的打算」的箴言來行事。

舉個例子，我朋友十二歲的兒子，他們班最近安排了到當地一處遊樂場的班級旅遊，朋友的準備工作之一就是和他的兒子坐下來，預測了所有可能發生的最壞情況。

他們把準備工作變成了一個遊戲。他讓兒子先回到自己的房間，然後帶著他認為在遊樂場可能需要的一切東西回到客廳。一切東西！當兒子從自己房間出來時顯得非常自信，覺得已經做好了一切準備。然後他們把每個可能遇到的最壞場景排練了一遍。

爸爸：如果錢包丟了，你會怎麼做？

兒子：告訴我的領隊，向他尋求幫助，先跟他借錢，並告訴他你會還給他。

爸爸：聰明。

兒子：或者跟喬賽亞借，他的父母通常會多給他一些錢。

爸爸：如果你從小組中走丟了，找不到任何人，你會怎麼做？

兒子：嗯，給我的領隊打電話。

爸爸：可是，你知道領隊的手機號碼嗎？

兒子：不知道，但是我會提前在公園門口和他要電話號碼，存到手機裡。

爸爸：外面非常熱，而你非常渴。你需要喝水，該怎麼辦？

兒子：那兒有飲水機，還有餐飲區。

爸爸：在餐飲區怎麼喝？

兒子：我可以在自助飲料機那裡裝滿我的水瓶，而且那裡還有免費的冰塊。

爸爸：你不知道現在的時間，可是，你們提前說好了，得在下午三點集合。這時，你該怎麼辦？

兒子：爸爸，每個人都有手機。我會問其他人現在幾點了。

爸爸：你忘了帶香水，你聞起來像個正在腐爛的臭鼬。可是，你正站在隊伍裡，緊挨著你覺得很可愛的艾許莉，你該怎麼辦？

兒子：爸爸！你真俗！

爸爸：好吧，我們以後再處理這個問題。

他們談論了所有可能會發生的場景，在一個沒有壓力的環境，一起考慮該怎麼做。好朋友的兒子甚至開玩笑說，如果他走丟了，「我知道如何做，爸爸。我會發射一枚訊號彈。」最後，他的兒子記下了領隊的手機號碼，帶上了保溫水杯，並且把錢包塞進了小背包。他準備好了，而且自信可以應付任何事情。很幸運，當天什麼意外都沒有發生。那次旅遊對孩子來說，是一次印象深刻的經歷。可是，即使當時出了什麼事情，朋友也確信兒子知道該怎麼做。提前讓兒子為可能面臨的實際挑戰做準備，讓他們兩個都自信滿滿。

做最壞的打算，抱最好的希望。

賽後↓回顧評估

關鍵問題：我們學到了什麼？

與青少年打交道時，評估階段非常關鍵。你必須問孩子的問題是：「從這件事中，我們學到了什麼？」

讓我們再回到朋友的兒子去遊樂場的例子。下午五點，朋友從公園接到他的兒子之後，他們一起談論了這一天是怎麼過的。聊的時候，朋友一直問各種各樣的問題。這一天，你最喜歡的事情是什麼？碰到的最有趣的事是什麼？這一天之內有什麼事，讓你感覺很緊張？有什麼事沒能按照計畫進行？哪些事進行得很順利？哪些事進行得不順利？兒子說的時候，我這位朋友做了兩件事：

1　認真傾聽；

2　心裡暗暗記下將來還需要演練什麼。

孩子和你對答的過程，就相當於回顧比賽的過程。如果一位隊員在比賽最後罰丟了一個關鍵球，做為主教練，你的反應應該是：「我需要讓他們為罰球做更充足的準備。」然後，你會根據情況調整訓練計畫。

下面是一個現成的賽後回顧清單：

- 什麼管用？
- 什麼不管用？
- 你能如何改進？
- 我能如何幫助你？

我們再來聽聽朋友和兒子的談話。

爸爸：這一天之中有什麼事讓你感覺很緊張嗎？

兒子：啊，有一件事情。

爸爸：什麼事？

兒子：嗯，我們小組有很多人，一開始我們玩得非常開心。後來，他們想玩漩渦飛車，可是我之前從來沒有玩過那個，所以，我有點不想去。

爸爸：你跟他們說了嗎？

兒子：沒有。我什麼都沒說，也沒說我不想坐，因為我不想讓大家認為我是個膽小鬼。

爸爸：那麼，你是怎麼做的？

兒子：我就坐了。

朋友敏銳的看出了一個潛在的問題。有些事情，兒子實際上不想做，可是，把自己的想法直接說出來，卻讓他感覺不舒服。這是因為同伴的壓力嗎？是因為他不想讓大家失望嗎？是他不想顯得不合群嗎？究竟是怎麼回事呢？做為父母，你得注意這種情況。因為，雖然現在的風險是乘坐遊樂設施，可是如果不培養孩子直接說出自己想法的能力，將來風險會不可避免的增加。譬如，他會在壓力之下考試作弊，甚或買賣毒品。將來一定會有需要他直抒己見的情形。

朋友意識到，為了防患於未然，他必須留心給兒子提供更多的機會來直抒己見。因此，他開始一點一點幫助兒子鍛鍊這項技能。家人出去吃飯的時候，他給兒子足夠的空間，清楚表達自己的喜好。他們會討論去哪兒吃，吃什麼，讓兒子明確表達自己的想法。年度體檢時，面對他們的家庭醫生，朋友訓練兒子如何和醫生談話，以及如何問他想問的問題。通過這些做法，朋友嘗試教給兒子，要敢於和權威人士交談，敢於提問、敢於對自己重要的事情暢所欲言。

朋友之所以和兒子一起實現了所有目標，是因為他事後進行了評估，注意到細節的問題，然後，針對性的做了相應的小調整。

比賽期間↓放手

關鍵問題：沒有我，他們為成功做好準備了嗎？

我沒有按照時間順序，而是先討論完賽前和賽後部分，然後才在這裡討論比賽期間這部分內容，這是有原因的。因為，和足球教練面對的情形不一樣，青少年生活這場比賽，不會直接呈現在你面前一個修剪過的草坪上，而且，你也沒有哨子來叫暫停，無法來做調整。實際上，你現在訓練青少年準備應對的大部分生活情形，你都不會在場，他們得靠自己。在大多數真實的情形下，你能做的並不多。這不在你的掌控之中。如果你想要影響結果，你就得在賽前階段做工作。

為什麼要轉向當教練？

實際上，很多父母非常害怕從航空管制員變成教練的心理轉變。隨著青少年變得愈來愈自主，愈來愈獨立，看起來好像是他們在逐漸逃出你的掌控範圍。其實不是這樣的。轉變成一個教練，能讓你在最佳時刻產生真正的影響，更重要的是，能真正幫到你的孩子。

但是，這是個非常艱難的過程。需要你不斷努力，需要你放棄某種固有的思維方式，需要你熟練的做一些非常難做的事情。為什麼你得這樣做呢？為什麼每一位父母都要經歷這種麻煩，做這種策略上的轉變呢？

原因如下：

一九一二年四月二日，為了檢測鐵達尼號的整體性能及適航能力，人類歷史上建造的最大遠洋輪船在公海下水試航，開始禁受大海的考驗。試航之後，檢查人員以及工程師報告說發現了兩個警報訊號。

檢查人員發現，將船結合在一起的三百多萬個鉚釘之中，船身前部的鉚釘是由鐵和礦渣製成的，而不像用在船身其他部位的是更堅硬的鋼鉚釘。檢查人員擔憂，這種不合規格的鐵鉚釘會讓船頭變得相當脆弱。

另外，在試航期間，船右側煤倉儲存的煤著火了，直到幾天後才完全熄滅。檢查人員和工程師擔憂，火災可能會讓這個區域的船板更脆弱易碎。

因為急著讓這艘船出海（開始賺錢），這些顧慮被完全忽略了。眾所周知，鐵達尼號以每小時三十七公里的速度撞上冰山時，正是撞在了被火燒得更脆弱的右側船身上。船頭較弱的鐵鉚釘爆開，導致船身的接縫處斷開，加速了船的沉沒。使用鋼鉚釘的船體部分沒有進水，這絕非偶然。

重點在於，如果你不訓練青少年，不做賽前的排練，或者不做賽後的評估，你就不會發現警報訊號。如果你不注意警報訊號，不做必要的改正，不幸可能就會發生。

你不可能預測到每一座冰山，但是你能讓船更堅固些。

當青少年失敗時，你應該做什麼

當青少年失敗時（青少年肯定會有失敗的時候），你得想方設法弄清楚究竟是怎麼回事，不管是化學考試沒通過，還是撬開了鄰居的信箱，或者聚會後喝得醉醺醺回家。如果你和青少年坐下來好好談，並且問他：「從這件事我們學到了什麼？」結果可能會不一樣。

- 使用「我們」這個詞，意味著一種支援，能向孩子表明，不論好壞，你們會一起面對這件事。這能消除孩子對你的敵意，因為每次失敗之後，青少年會害怕受到懲罰。他們的行為很可能會受到懲罰，但是，你的前奏必須向青少年傳達這樣的資訊：我們會風雨同舟。就像《正面管教》系列書的合著人珍．尼爾森博士說的那樣：溝通先於改正。這非常關鍵，因為這可以讓青少年擺脫「抵抗還是逃避」的思維模式，能讓青少年有機會吸取教訓。
- 這個問題強調了這樣一個事實：學習是失敗和生活的一部分，這很平常。這樣的心態既積極健康，又符合實際。
- 這個問題把青少年的關注點從失敗後的苦痛（過去的事），轉移到以後走向成功需要的成長（將來的事）上。這對我們更有幫助，因為我們不可能讓時光倒流，改變過去。

- 能幫助你和青少年識別哪些事進行得很順利，為什麼順利。這能讓你和青少年深刻了解他們自身獨特的優勢。
- 能幫助你和青少年識別哪些事進行得不順利，為什麼不順利。這能讓你和青少年深刻了解他們特有的弱點。
- 能幫助你更容易判斷，青少年現在需要進行什麼樣的類比和練習，才能改善原先不太如意的結果。

只要你是個教練，你就不得不應對失敗。可是，對於一個偉大的教練來說，應對失敗的方式很重要。而且，你如何應對失敗，不僅僅是你一個人的事，同時也是在教青少年應該如何應對失敗。做為成人，你有兩種青少年沒有的、至關重要的本領：

1 透視。青少年並不清楚有些事是否重要，因此你不要對他們的表現反應過度，說話要把握分寸。判斷孩子為什麼會失敗時，一定要有根據，要深思熟慮，從全域角度來考慮這件事對孩子的發展意味著什麼。

2 鼓舞。教練能給隊員最大的財富就是動機和鼓舞。這對他們就像是空氣一樣，在失敗的時候，他們需要呼吸氧氣。就像馬丁・路德・金恩博士曾經說過的：「衡量一個人的真正標準，不是看他在舒服和狀態好的時候如何表現，而是看他在面對爭議和挑戰的時候如何承受。」

幫助青少年在面對失敗時牢牢記住這些事情，那麼在生活的賽場上，你就完成了一個偉大教練的職責。

你可以控制孩子，或者幫助他們成長。但是二者不可兼得。

第三種思維模式：你需要幫助

第一次看娛樂與體育頻道ＥＳＰＮ播放的比賽，我就被迷住了。這絕對不是一個單單靠運氣就能取勝的比賽，這是一場精神的博弈，通過使用心理戰術，你才能打敗對手。這些選手，這些富有魅力的運動員，他們在網上競爭，一擲千金。

我說的，當然是德州撲克。

我也想成為其中的一員，所以我決定在線上玩。我學會了行話：決勝桌、爆冷門、河牌、流量電容、靈便斑鳩琴。

沒錯，最後那兩個是我編的。

結果證明，我相當擅長打撲克。我開始贏錢，我不僅有強烈的競爭欲望，而且我對撲克之類的策略遊戲異常著迷。我喜歡快攻。

可是，和其他任何上癮的東西一樣，不知不覺間它開始展示出破壞力。線上撲克慢慢吞噬我，睡覺時我還想著：我不該那樣出牌，我本來能贏的。

它變成了我思想和生活最熾熱的中心，它讓我變得孤僻。我會把自己鎖在辦公室，每天玩四五個小時，假裝是在工作。我騰不出時間和家人或朋友待在一起，即使和他們待在一起，我也老是想著趕緊回去打幾把。

有一天，好朋友詹森來我們家，找我聊聊近況，分享一些消息。經過幾個月的努力，他的妻子終於懷上了他們的第一個孩子。

就在詹森站在我辦公室門口，激動的告訴我這個好消息時，我卻坐在筆記型電腦後面，忙著打一把撲克。我沒顧得上站起來，沒顧得上和他握手，沒顧得上多看他一眼，沒顧得上擁抱他，沒顧得上祝賀他。

我什麼也沒做。

樓下關門的聲音把我從迷霧中震醒了。那一瞬間，我意識到自己剛剛做了什麼，我發現了自己沉迷網路賭博的現實，我認識到了它對我生活危害的嚴重程度。

但是，遠不止於此。自從我成了被別人收養的孩子以後，我恨，自己不能控制生活的很多方面；我恨，那些不能永遠屬於我的東西；我恨，自己不停從一家搬到另一家；我恨，人們會匆匆進入我的生活然後突然離開。因此我不知疲倦的工作，想要確保如果生活中有什麼事情是能控制的，我就要控制住它。我想要控制生活，這樣的話，生活就不能傷害我、不會讓我失望（我知道這不可能，可是你知道我是如何變成這樣的）。我記得，當我意識到這個線上撲克賭博的東西控制住自己的時候，我幾乎癱倒在地板上。明明是它控制了一切，不是我！最糟糕的是，我不知道自己能否從它的網中掙脫出來。

害怕、憎惡、羞愧，一陣陣強烈的情感湧上我的心頭。

妻子進來時發現我跪在地上，泣不成聲。

像許多人一樣，儘管我表現得做事井井有條，可是在內心深處，我是一個性格有缺陷的人。

自家後院的陷阱

對德州撲克頓悟的那一天，我意識到自己已經掉進了一個陷阱。這個陷阱一直偽裝得很好，隱藏在眾目睽睽之下。我沒想到自己會陷入其中。畢竟，沒有人會說：「你知道我今天會做什麼嗎？我會慢慢迷上網路賭博，把自己和生命中最重要的人隔離開來，傷害自己以及很多關心我的人。」沒有人打算那樣做。可是，陷阱實質上就是這樣。

如果你不睜大眼睛，不觀察你正在走的路，不知道自己在尋找什麼，不能保持時刻警惕，就可能落入陷阱。

但是最使我不安的是，那個陷阱不像是什麼外在的東西。沒有人隱藏在那裡，試圖用卑鄙的手段捕獲我。這個陷阱，與其他類似的陷阱一樣，都來自我的內心。

這個陷阱和我的性格、思維方式、處事方式有關；這個陷阱和我的背景、成長歷程有關；這個陷阱似乎是從我身上……冒出來的。它是一個盲區，直到發現自己已經處在陷坑裡時，我才看見它。

網路賭博事件之後，我禁不住擔心：

我害怕自己還會落入陷阱。
我害怕自己的缺陷最終會傷害孩子。
我不夠強大，不能避免我的性格缺陷會傷害那些我愛的人。

這些想法讓我非常不安，不過，我再也不假裝了。我明白了，如果不小心，我可能會輕易掉進陷阱，可能最終會給最在意我的人造成無心的傷害。

生活中，我們每個人都有自己的問題，而我們如何處理這些問題真的很重要。你是個怎樣的人，會直接影響你的孩子，而且，這直接關係到你是否有能力成為好父母。為了更好的幫助我們身邊的青少年，我們需要一些助力來解決我們自己的問題。

畢竟，蘋果落地，離樹也不會太遠。

這讓我想起一位導師肯恩·凡·米特（Ken Van Meter）曾經說過：「青少年從我們的言談

中，學到一些東西……從我們的行為中，學到很多東西……但是從我們是誰，我們這個人本身當中，學到的最多。」

我們需要認真考慮，我們是（或者將會變成）哪種類型的人，不只是為了我們自己，更為了那些依靠我們的人。

兩個相關詞語的探討

古希臘人編寫並分享了幾十個關於一個詞語的警示故事，目的就是為了警告每一個人這個詞語有多麼的危險。即便是今天，我們最喜歡的一些故事仍然以這個詞為中心。

這個詞就是「傲慢」。

傲慢一詞來自希臘語，意思是過於驕傲或者過於自信。聽到這裡，你可能會想：「嗨！自信有什麼錯？」但是，傲慢意味著你太過自信了。膨脹的自我認知與平凡的現實之間有著本質的區別。

傲慢表現在很多方面。在文學上，它常常是造成人物悲劇命運最顯著的性格缺陷。這是古希臘文學非常盛行的主題之一，阿基里斯、奧德賽、阿拉克妮、伊卡洛斯、尼俄伯等，全都是因為傲慢而失敗的。

我最喜歡的一個關於傲慢的例子，來自經典電影《侏羅紀公園》，影片中一群科學家創建了一個滿是巨型恐龍的公園，他們相信人類的聰明才智能夠預防任何事出差錯。他們瘋狂高估了人類控制自然的能力[10]，結果一個律師蜷縮在抽水馬桶上，被一隻霸王龍吃掉了。此外，還發生了其他一些不幸的事情。

我知道你在想什麼：「喬許，我可沒打算近期用轉基因來製造頂級掠食者。這一切與我有什麼關係？」

一切和你息息相關。因為，和這些科學家一樣，我們每個人都面臨一個重要的選擇，更確切的說，是二選一。

我們可以選擇傲慢，也可以選擇其對立面，也就是傲慢的解藥。與能夠造成悲劇性後果的傲慢不同，有一個詞代表了一種清醒的、準確的自我評價。

這個詞就是「謙遜」。

這就是我們的選擇。

沒錯，「謙遜」這個詞很讓人困惑。有些人認為，謙遜就是即使你擅長做某事時你也會假裝不擅長。但是，謙遜不是假裝。謙遜意味著「適度、準確的看待自我或者自我價值」。真正謙遜的人懂得，即使自己擅長做一些事情，也並不代表自己比其他人更好或者更重要。

我們都碰過一些自以為是的人，這些人認為他們的存在、觀點及喜好比別人的更重要[11]。

有這樣的人在身邊，你會開心嗎？有這樣的人在身邊，我們的感恩節會過得更快樂嗎？不，不，顯然不可能。

謙遜需要巨大的勇氣。自我反思會令人恐懼，這意味著你得精確的衡量你是誰，你不是誰。這意味著你得有足夠的勇氣去面對（而不是不予考慮或者試圖辯護）自己的各種弱點和缺點，同時，也意味著毫不膨脹的承認自己明顯的優勢。

謙遜如同高空走鋼絲。可是，對於教育孩子來說，謙遜是很重要的一部分。

這對我們來說意味著什麼？

做為父母和看護人，我們面臨一個重要的選擇，我們可以選擇傲慢，也可以選擇謙遜。不管你我選擇哪一個，我們的決定將會對孩子產生深遠的影響。

我們的選擇意義重大。

---

10 《侏羅紀公園》中我最喜歡的台詞是傑夫．高布倫扮演的古怪數學家伊恩．馬康姆說的一句話：「你們的科學家總是在考慮他們是否『能夠』做什麼，卻從來不懂得停下來想一想他們是否『應該』那麼做。」

11 或者，只要看看網上的許多評論就可以了。

選項A：傲慢意味著靠謊言度日

「我個人能力有限，這怎麼行。」

因為：

- 我沒有缺陷；
- 我會更努力工作；
- 我會加倍努力；
- 我只聽我自己的聲音。

所以：我一個人就行，我不需要幫助。

這會如何影響你的孩子：營造出一個害怕失敗、恥於求助的家庭文化。

選項B：謙遜意味著以真理為準繩

「我個人能力有限，可是這很正常。」

因為：

- 我有盲點；
- 我有弱點；
- 我很脆弱；

- 我有時很自我中心。

所以：我可能需要一些幫助。

這會如何影響你的孩子：營造出一個彼此信任、緊密聯繫的家庭文化。選擇謙遜並不意味著選擇失敗，而是意味著我們意識到自己需要幫助，意味著我們不想被霸王龍吃掉。謙遜不但不會讓你變得軟弱，相反的，你會變得更加勇敢。

謙遜是獲得青少年信賴的最佳方式。

父母容易落入的四種常見陷阱

做為父母和看護人，我們可能會落入四種常見的陷阱：舒適陷阱、認可陷阱、控制陷阱、成就陷阱。

耐人尋味的是，這些陷阱常常只是一種優勢的誤用。這不無道理，因為每個積極的性格特質都有黑暗的一面。誤用或運用到極端的時候，每一項長處都會展現其消極的一面。比方說，如果不小心控制，注重細節的人會過度追求盡善盡美，最終把自身的長處變成一種耗費身心的痴迷。

我在下面羅列了這四種主要陷阱的細節，並提供了生活中真實的例子，對比了成功避開這些陷阱的父母和落入這些陷阱的父母。我對他們的名字做了改動，可是，這些都是真實的例子。

我的目標是雙重的。首先，我想把這些陷阱的表現形式展現得清清楚楚。雖然這些例子並不是範例，但應當能警示我們，讓我們保持清醒。其次，我希望這些父母謙虛誠實的做法能讓你充滿希望，能夠引導你和青少年建立牢固的關係。

或許這四個陷阱中只有一個會引發你的共鳴。但請你摒棄成見，把每個陷阱的內容都讀一讀，看看你個人更容易落入哪一個陷阱。做為父母，只有我們了解了自己的弱點，才能更好的扮演這個重要的角色。

第一種陷阱：舒適陷阱

從來不想做任何費力或困難的事情，因為害怕失敗而不敢嘗試。

虛假的敘述：「這對我來說實在太難了。我天生不適合做這個。」

一貫做法：忽略孩子的問題，不聞不問。

無意中傳達給青少年的訊息：「成人不可靠」和「你不值得我花費時間和付出努力」。

解藥：為了弄清楚怎麼提供幫助，你要涉足自己不懂和害怕的領域。

傲慢實例研究

當我第一次見到法蘭克和他妻子的時候，他們讀初中的女兒潔米情況很糟糕。她吸食各種毒品，有自虐行為，而且和一個二十歲的人有性關係。法蘭克對這一切一無所知，一直被蒙在鼓裡。這主要是因為法蘭克不想知道。關於潔米的行為舉止，他一直採取一種否認的態度。

法蘭克的妻子和前夫有一個兒子和一個女兒。和法蘭克結婚兩年後，她生了潔米。初為人父的法蘭克非常喜歡臉蛋嬌嫩、乖巧聽話的女兒。他覺得哄小孩一點兒也不費事。可是青少年呢？可就沒那麼容易了。跟他們打交道要了解他們的人際交往方式、態度傾向、複雜的情感世界。這要求也太多了，於是法蘭克開始甩手不管了。一回家他就撲通一聲倒在躺椅上看電視。法蘭克甚至不和家人一起在餐桌上吃飯。他把自己的盤子拿到客廳裡，坐在電視機前吃。而且，他開始在工作上花更多的時間，回家也愈來愈晚。

法蘭克不願意參與潔米的生活。我問他打算採取什麼步驟來和女兒交流的時候，他會聳聳肩。我逼問他的時候，法蘭克會換話題，好像就連想想這個問題都讓他受不了。儘管法蘭克口口聲聲說他愛潔米（我也相信他），可是，他對女兒的生活不聞不問的做法卻很難讓人相信他的話。潔米選擇尋求專業協助。母親成了她的精神支柱，她支持女兒、照顧女兒、為女兒提供一種令人感動的情感支援和愛。法蘭克卻什麼也沒做，他甚至離得更遠了。

結果，法蘭克與三個孩子的關係非常失敗。當我問潔米父親是否愛她時，潔米說：「也許吧。但是我從來沒有感覺到。」當問到其他兩個孩子（現在長大了），請他們用一個詞來形容繼父法蘭克在他們生活中扮演的角色時，他們認為最恰當的一個詞是「毫無價值」。

謙遜實例研究

麥可還是個嬰兒的時候，他的親生父母已經吸食冰毒成癮。毒癮發作的時候，他們連自己孩子的哭聲都聽不到。

政府調查人員直到現在都不清楚，麥可是如何活下來的。可是，有一點他們卻非常清楚：麥可從來沒有被父母當做是一個嬰兒。他大部分的童年時光都是與世隔絕的，常常連續幾週獨自一人，根本沒有人在意他的哭喊聲。這一切給麥可的成長造成了災難性的影響。八歲的時候，在麥可家裡，他在父母的面前遭到一個客人的性侵犯。之後，這種性虐待不斷發生。後來，麥可的父母甚至開始出賣麥可來賺取吸毒的錢。當警方得知情況時，他們發現麥可就像未馴服的動物一樣藏在屋裡。他已經學會了憋住屎尿，一旦有人靠近的話，他會像臭鼬一樣噴出糞便來趕走他們。

經過當地心理專家診斷，麥可患有反應性依附障礙症。得了這種病的孩子，無法和父母或者看護人建立健康的依附關係。

加州的工作人員找到了跟麥可最近的親屬，他的伯父史蒂文。史蒂文和自己的弟弟已將近十年沒有來往。他和喬伊結婚後一直沒有孩子，他們很喜歡現在的生活，喜歡那種舒適和節奏。但是，得知麥可的遭遇時，他們不禁落淚了。

他們決定收養麥可。

我遇見史蒂文的時候，他和喬伊正在做這個決定。麥可不是他的親生孩子，他之前也從來沒有當過家長，更不要說給一個患有嚴重情感問題、使臨床心理學家困惑、處於青春期前的孩子做家長。這將完全顛覆他的生活，打亂他原本擁有的平靜。但是，史蒂文和喬伊義無反顧做了麥可的養父母。

史蒂文和喬伊花了七年的時間才在麥可身上取得突破，開始治療那最初十年令人恐懼的生活對麥可的傷害。但是，他們做到了。七年裡，他們每週去諮詢專家四次。其中，兩次帶著麥可一起去，一次夫妻倆一起去，一次夫妻倆其中的一個人自己去。這是項艱巨的任務，但是，他們做到了。現在，麥可變得好多了。他已經十七歲，喜歡打棒球，是所在高中校隊的啟動二壘手。他很幽默，身邊有很多朋友。而且，他有史蒂文和喬伊，他叫他們爸爸和媽媽。

在麥可的人生方程式中，什麼改變了？史蒂文和喬伊。儘管他們最初非常害怕，完全不知道該怎麼辦，儘管他們也非常不想管，可是，他們最後決定迎難而上。最終他們想出了幫助孩子的辦法。

第二種陷阱：認可陷阱

想讓每個人喜歡。

虛假的敘述：「如果有人對我不滿，這說明我做錯了什麼。」

一貫做法：不對抗，不設定界限。

無意中傳達給青少年的訊息：「我不制定規矩。你想做什麼，就做什麼。」

解藥：懂得愛，意味著制定明確的規矩，並且堅定執行。

傲慢實例研究

我永遠不會忘記鮑勃對我說的第一句話。當時他拉著兒子亞倫的褐紅色連帽風衣，硬是把處於青春期的兒子拽進門來：「你能讓他聽我說話嗎？」之後，我了解到亞倫常常辱罵他的爸爸。他平時不是嚷嚷就是尖叫，要不就使勁摔門、損壞家裡的財物，並且不時大發雷霆，原因通常是事情不合他的意。

這對我來說一點兒也不吃驚：青少年是感性動物，容易發脾氣。有時，你只是讓他們倒一下洗碗機裡的水，他們也會強烈不滿，就好像你在讓他們用舌頭……去清理紐約中央火車站所有的洗手間似的。

讓我吃驚的是鮑勃的反應：孩子只要稍有不滿，鮑勃就會讓步。如果亞倫因為想要一些東西而發怒，鮑勃會立即買給他。如果亞倫想去參加一個聚會而鮑勃卻說不行，亞倫就會大叫大嚷，直到爸爸讓他去。

事實上，鮑勃是個非常不錯的傢伙。他超級有趣，聚會上非常活躍，講起故事來叫人讚嘆，可以說是人見人愛。可是，這就是問題的所在：鮑勃太招人喜歡了。他自己也特別在意受到別人的喜歡，結果，無意中就變成了一個能夠被輕易說服的人。

我向鮑勃解釋說，規矩的存在是為了幫助青少年理解權威的概念，並且讓他們能夠明白，什麼樣的事該做，什麼樣的事不該做。如果鮑勃還不給孩子訂立規矩，亞倫可能得先吃點兒苦頭才能學到這些道理。

鮑勃和我一起商量，給亞倫制定行為規範。其中規定，如果亞倫違反了這些家規，就要接受明確、具體的懲罰。可是，就在我們快制定完的時候，鮑勃說：「如果他不服從這些規矩，我該怎麼辦呢？」

「強制執行我們商定的懲罰措施。」我說，「記住，你是家長！」

鮑勃問能否由我來強制執行這些懲罰措施。「我認為由你來執行的話會更有效。」他說。

但是，我知道鮑勃話裡頭的意思，他是想說：「我怕亞倫會對我發火。可是，如果你懲罰他，他就會恨你，而不會恨我。」而且我也知道，如果鮑勃繼續這樣想、這樣做，亞倫的麻煩可就大了。

謙遜實例研究

我坐在塞賓娜家的客廳裡，和她的親朋好友一起為她出謀劃策，幫助她想清楚該怎麼樣對待她的兒子。

塞賓娜的兒子是個高三學生，可是已經誤入歧途。他經常逃學，不時從姐姐那裡拿錢，還整天和一群黑社會的人廝混。我們圍坐在塞賓娜身邊，試圖說服她，想讓她明白對兒子最大的愛就是立即給他訂立明確的規矩。即使這意味著兒子會生氣，甚至有可能不和她說話；即使這意味著，如果十八歲的兒子非要像現在這樣為所欲為，就把他踢出家門。

塞賓娜是個溫順善良的單親媽媽，她不知道該做什麼。

「他是我的兒子！」她邊哭邊說，「我愛他。我根本做不到。我不能把他踢出家門。」

塞賓娜當然很愛兒子，哪怕他有很多缺點和不良行為，她仍然相信孩子內心是善良的。

像塞賓娜這樣害怕和別人起衝突的人，一心只想講和。不想和別人起衝突，這沒什麼錯。可是有些事你根本不能講和，而且你必須與之對抗。

塞賓娜需要懂得：愛一個人並不意味著贊同或支持那個人所做的每一件事。兒子需要知道自己目前的所作所為很危險，而且，如果他執意要繼續錯下去，那麼，塞賓娜家就不歡迎他。於是，塞賓娜明確告訴兒子她的不滿，說清楚自己期待他怎麼做，並說明可能的後果。我們就坐在那裡聽她說，給她支持。她兒子很不高興，氣勢洶洶的離開了。就在門「砰」的一聲關上時，塞賓娜放聲哭了起來。

「我覺得我的心都要碎了。」她說。

但是，兒子是個聰明的年輕人，最終，他回家了。他同意了那些規矩，答應了那些條件。現在他做著兩份工作，而且馬上就要去大學學習消防專業。

後來我和她兒子談話時，他告訴了我自己選擇回家的原因，他說：「我知道那時做的事情很壞，可是，直到媽媽說她寧願家裡不要我，也不願意看到我的所作所為時，我才知道我到底有多糟糕。那句話敲醒了我，讓我醒悟，因為我知道她有多愛我。」

第三種陷阱：控制陷阱

你想知道孩子的每一個計畫，想要控制每一個細節，想讓事情完全按你的方式來發展。

虛假的敘述：「如果我不保持警惕，可能會出事。」

一貫做法：過於蠻橫、過度保護。

無意中傳達給青少年的訊息：「你自己無法應付生活。」

解藥：讓孩子學習獨立行事的技能，為將來的生活做好準備。

傲慢實例研究

一見到卡蘿，我就發現她很聰明，頭腦非常靈活。十九歲的她高中畢業，並以優異的成績修完了好幾門大學先修課程，而且當時她已經進大學了。我注意到的第二件事是，當我問她一些簡單的問題時，她總是習慣求助媽媽珍妮佛。珍妮佛來找我，是因為她的女兒高中畢業後碰到些麻煩。她在目前就讀的這所有聲望的頂級大學裡似乎不太適應。為此，珍妮佛非常擔憂。

「為什麼你不喜歡住宿舍？」我問卡蘿。

「我不是很清楚。」卡蘿輕聲的說。

「對她來說，住宿舍太讓人崩潰了。」她媽媽說。

「啊！具體來說，什麼事會讓你崩潰？」我問卡蘿。

卡蘿看了看她的媽媽，似乎在尋求正確的答案。

「很多事情。」媽媽說。

「說出一件來。」我又一次對卡蘿說，「這樣的話，我才能了解你的具體情況。」

「嗯，比方說，洗衣服的事。」媽媽突然插話。

「洗衣服的事？」我有點驚奇的問道，「卡蘿，或許你能自己和我說說。」我試圖暗示她媽媽，應該讓她的女兒自己回答一個問題。

「那裡實在是太混亂了。」媽媽接著說，完全沒有注意到我的暗示。

「卡蘿，你學過如何洗衣服嗎？」我問道。

卡蘿朝媽媽看了看。

媽媽搖了搖頭，說：「她得在學校好好學習，太忙了，沒時間學洗衣服。」她邊說邊緊張的笑了。

過了一會兒，我意識到如果我想真正和卡蘿談話，就不能讓她和媽媽在同一個房間裡。後來，趁她媽媽不在場的時候，我終於讓她開口說話了。這時我才明白，雖然已經上了大學，但一到了需要做決定時，卡蘿就完全沒主意。「猶豫不決」甚至都不足以形容她的情形。卡蘿自己甚至連最簡單、最小的決定都做不了。

知道這是為什麼嗎？因為她從來就沒有做過決定。媽媽一直在替她做決定。

當然，我們不能怪珍妮佛。當她還是個小女孩的時候，全家為了躲避越南的動亂而移民到了這裡。聽她講述家人如何失去所有財產，如何辛苦打拚來重建生活，雖然他們生活的灣區有很多機會，但我還是非常能夠理解珍妮佛內心的恐懼。

為了防止不測發生，珍妮佛一直試圖控制自己家庭生活的每個方面。十八年來她一直這樣做（而且做得非常好，這一點我承認），結果導致了她意想不到的嚴重後果。她的女兒卡蘿不會解決問題，甚至連最常見的失敗情緒都處理不了。

媽媽過度的保護，讓卡蘿變成一株溫室裡的花朵。當現實世界的打擊來臨時（而且肯定會來），卡蘿毫無準備。

謙遜實例研究

和許多酗酒者的子女一樣，在成長過程中，艾瑞克學會了努力控制生活中他能控制的東西。這是他的應對機制。

所以，有了孩子以後，為了確保孩子不受任何傷害，艾瑞克瘋狂奮鬥，也就不足為奇了。對於他來說，這是父親的責任，天經地義，合情合理。

可是，當十二歲的女兒被診斷出罹患一種罕見的癌症時，艾瑞克徹底亂了方寸。雖然女兒後來完全康復了，艾瑞克卻無法從那次診斷帶來的巨大打擊中恢復過來。於是，他去諮詢，想弄清楚到底哪裡出了問題。就在諮詢的過程中，他取得了突破。

「有一次，醫生讓我講一個爸爸安慰我的場景。」艾瑞克告訴我，「於是，我就講了爸爸總是開車送我去參加籃球訓練，送我到朋友家。忽然，醫生打斷了我，說道：『我沒問你爸爸什麼時候滿足過你的需求。我是問你，他是如何安慰你的。』那時我才意識到，爸爸從來沒有安慰過我。一次也沒有。就在那一刻我明白了，自己也落入了完全相同的陷阱。我整天忙著賺錢，忙著保護我的孩子，忙著解決孩子的問題，以致於我從來沒有安慰過他們，從來沒有幫助他們弄清楚如何面對損失、失敗，或者痛苦。」

艾瑞克最終明白了，雖然他想保護孩子，想讓孩子生活得更好，可是由於自己成長的傷痛，他不知道如何關心孩子，結果適得其反。

幫助女兒準備學術能力測驗（SAT）的時候，艾瑞克偶然讀到一個短篇小說，其中的意象讓他懂得了這個道理。

「故事中的小孩子很小心的照料一隻裝在大罐子裡的毛毛蟲。」艾瑞克告訴我，「後來毛毛蟲變成了蛹，男孩還是每天都會觀察那個罐子，可是，當蝴蝶破繭而出後，他沒有把蝴蝶從罐子裡放出去。結果，蝴蝶無法展開翅膀，隨後，分泌物在蝴蝶畸形的翅膀上變硬，使這個生靈永遠都不能再飛。」

艾瑞克的謙遜之旅告訴我們，生活中有很多事是我們自己或者其他任何人無法控制的。一心想要保護其他人免受痛苦、折磨或者失敗的願望，是不現實的。但是艾瑞克意識到了，他能夠讓孩子自己做準備去應對一些事情，意識到了當那些艱難考驗時刻來臨時，他的存在能夠令孩子感到欣慰。而且，這樣的時刻總會來的。

無論如何，這就足夠了。

第四種陷阱：成就陷阱

必須被大家認為是最好的，必須贏。

虛假的敘述：「如果我沒贏，那麼我將一文不值。」

一貫做法：對孩子的表現施加壓力。

無意中傳達給青少年的訊息：「你永遠都不夠好。」

解藥：對與成就無關的事進行鼓舞和表揚。為了青少年本來的樣子而高興，而不是為了他們做了什麼而慶賀。

傲慢實例研究

貝安卡在當地一所排名很好的高中當顧問和教練，學校所在社區地價高得令人難以置信，吸引了不少富有顯赫的家庭前來定居。當然，這也意味著教育會更受重視。

那天，貝安卡和一個叫艾米麗的初中生以及她媽媽面對面坐著。艾米麗的理科成績很好，可是大學先修課程中的文學和歷史把她的成績拉了下來。看了孩子的成績單，並且和艾米麗以及她的老師談過之後，貝安卡內心覺得，可能是艾米麗參加的大學先修課程太多、壓力太大，影響了她的成績。

貝安卡開始了她精心準備的談話，她鼓勵艾米麗走一條稍微不同的學術道路，委婉建議艾米麗最好把精力集中在科技工數（科學、技術、工程、數學）這些課程上，英語和歷史退到普通班上。可是，還沒等她說完，艾米麗的媽媽就從椅子上蹦了起來。她滔滔不絕，把女兒大罵了一通。

「你想退出？想走下坡路？你覺得只參加一些普通班的高中課程，頂級的大學會要你嗎？你有沒有想過那意味著什麼？為了你的將來？如果你不小心的話，你的結局……嗯，你的結局就和她一樣。」她邊說邊用手直指貝安卡，「那是你想要的嗎？」

最近，我有機會和一些父母、學校行政人員、市政官員，以及來自全國的心理專家，在美國最富有、最知名的一所學校相聚並座談。所有與會人員都面臨一個問題：我們怎麼做才能阻止這個社區的青少年臥軌自殺。這些成人不是在小題大做，反應過度。在過去五年內，這個地區至少發生過兩次自殺群聚事件，每次都是在幾個月之內至少有五個青少年接連在同一輛列車前臥軌自殺。

自殺群聚是個罕見的社會現象，指的是在很短的時間內或地理位置非常接近的地方，發生三起或三起以上的自殺事件。這種現象非常罕見，但是當地卻已經發生了兩次。

蘇妮婭．盧瑟博士在耶魯大學做的一項研究發現，在極端的學習壓力下，青少年開始把自我價值和學習成就綁在一起，如果不能達到最高的成功標準，他們就會認為自己有嚴重缺陷。

雖然這並不意味著，每一個高壓學習環境都會造成青少年自殺。可是它的確揭示了這些「高壓鍋」、成就驅動環境，讓青少年深受其害。接著說我的朋友貝安卡。她請艾米麗離開了房間，試圖向她的媽媽說明白，她向女兒傳達的訊息有多大的危害。但這位母親怒氣沖沖，不能理解竟然有人認為她會做傷害自己女兒的事情。

「如果進不了頂級的學校，她該怎麼辦？」

「你問得不對。」貝安卡反駁道，「你最好問：『如果進了頂級的學校，她該怎麼辦？』」

謙遜實例研究

女兒珍娜高二放棄競技體操的時候，洛琳開始變得謙遜了。當時，在體操方面，珍娜不僅只是擅長，她是一個頂級運動員，非常有希望獲得世界冠軍，甚至奧運冠軍。

「我記得當時自己真的很生氣。」我們第一次坐下來談的時候，洛琳這樣對我說。「當時我腦子都短路了，這根本不是我的性格。」洛琳生那麼大的氣，連她自己都感到吃驚。我提醒她，生氣通常是次要的情緒，憤怒的背後隱藏著什麼，才是更重要的。

「我從來不生氣，從來都不是一個嚴厲的人。」洛琳說，「我不是一個典型的『直升機父母』，成天在孩子身邊圍繞盤旋，朝著他們大喊大叫或責備他們，這一點我敢保證。」

但是洛琳沒有意識到的是，即便是不生氣，不責備孩子，也會為青少年營造一種特定的氛圍。雖然沒有明說，但大家可以感受到的訊息是：如果你能成功，你就會得到媽媽的愛、認可、讚許和關懷。如果你沒有成功……你便一無是處。

在向一位她非常尊重、年長一點的母親麗茲尋求建議時，洛琳生命中一個很關鍵的時刻到來了。麗茲幫助洛琳分析了一些關於洛琳原生家庭的情感問題。從那時起，洛琳才意識到，珍娜的體操成就和珍娜本身無關，而是和她有關，和她自己面對的挑戰有關。

「我意識到，我想讓自己的孩子贏，這樣我就覺得自己是一個贏家。」洛琳說，「我來自一個特別在意榮譽和羞恥的家庭，孩子的成就是我唯一值得驕傲的東西。如果孩子失敗了，做為一個媽媽，甚至做為一個人，我就失敗了。」

洛琳的導師麗茲也指出，洛琳的女兒放棄體操需要極大的勇氣。面對極端的壓力，大多數青少年可能會不知所措，完全喪失自主能力。但是珍娜很果斷。

洛琳記得，當時對她來說，一切似乎都靜止了。

「我們當時站在廚房裡，然後，我們開始來回走動，女兒說：『媽，你覺得什麼更重要？我每週在體育館練習十六個小時。只是為了那個可能，可能去參加奧運會的機會。我一點也不想參加奧運會。』她告訴了我自己想做的事情。『媽媽，我想去教堂的青年團，我想和朋友一起閒逛，我想在家和家人一起吃晚飯。』聽她說想和我們一起吃晚飯，那真的觸動我了。」

洛琳變得謙遜了，她克服了挑戰，意識到一味追求成就而不提供情感支持，對她的女兒不起作用。她弄明白了，得讓珍娜做個孩子。於是，她那樣做了。

這四種陷阱，在我們的生活中屢見不鮮。這些陷阱困住了好多父母，最終傷害了青少年。和我相關的陷阱，是第三個控制陷阱。我經常發現自己的控制欲突然發作。這很可能是因為在我成長的過程中，有那麼多的事情我根本無法控制，於是現在我想掌握主導權。有時這樣做很好，但是，有時這樣做令人非常不快。或許你能理解。

做為父母，我們難道就不能擺脫這些問題嗎？說實話，幾乎不可能。即使是過了這麼多年，如果我現在還有小孩，這些問題可能也不會完全消失。

但是我需要知道自己的問題所在。即使我們不能永久擺脫這些問題，我們仍必須知道，這些問題有什麼跡象；我們必須知道，當怒火迸發的時候，如何去熄滅火焰；我們必須反省自己、丟棄不好的想法、迅速從過去的行為舉止中恢復過來；我們要變得更好。

我知道，直接面對自己的缺陷很難。但是，令人欣慰的是，在這些事情上，坦誠對待自己不會讓你變得脆弱。自我反省是通往謙遜的一扇門，如果你有勇氣去這麼做，這會讓你變得更堅強。更重要的是，能讓你成為更好的父母。

一個朋友曾經告訴我：「搭救河中溺水的人，最好的方法不是跳入水中，而是留在岸上，留在堅實的地面上，給那個人扔一條結實的繩子。」

讓我們竭盡所能，留在堅實的地面上。

通往謙遜的現實道路

我非常清楚：想讓自己變得更好、想克服自己的性格缺陷，不能簡單的套用公式。但是，我想分享一下對我有幫助的三個步驟（這些步驟至今仍然讓我受益）。雖然每個人從這些步驟中收穫的可能不同，卻是幫助我們從傲慢向謙遜轉變的一個好起點。

1 考慮一下，向別人請教

說實在的，向別人請教沒有你想的那樣可怕。時不時，那個擔驚受怕、深受傷害的奧克拉荷馬小孩就會顯露出來。當他現身時，我知道自己該做什麼。我會去找哈里森談話。他是個受過訓練、有資質的顧問，更重要的是，他是我專門的、特許的顧問。他幫助我發現自己的問題，幫助我走出頹廢，幫助我深刻認識到什麼樣的情形會激發自己的弱點，於是，我不再重複同樣無益的掙扎。

但是我也知道，當需要向別人請教的時候，人們往往會猶豫不決。我提供你兩點建議。

首先，不要有這樣的顧慮，不要想著「去諮詢就意味著我的情形糟透了」。讓我們開誠布公的說：家家有本難念的經。家家都有！你可以試圖掩飾自己的問題（因此孤立你自己，因為你不想讓別人靠得太近），你可以假裝你沒有把事情搞砸（整天帶著一副令人筋疲力竭的面具）或者你可以五十步笑百步（指出他人的弱點，這樣就沒有人看到你的弱點了），三種我都做過，根本沒有用。

其次，預先設定一個最低諮詢次數。適應諮詢需要一個過程，一開始，你可能會覺得諮詢比不諮詢還糟糕。不要灰心。就和鍛鍊身體的過程一樣，痠痛是肌肉增強的跡象，這種感覺說明你正在取得進展。

2 和好朋友交心

當我和妻子莎拉訂婚的時候，我立刻明顯覺察到，她的朋友比我多得多。一個原因是她簡直可以被評為人類歷史上性格最外向的人[12]。她鼓勵我多交一些朋友。這個建議聽起來很愚蠢，因為當時我正忙著創業和旅行，沒有時間交朋友。但是我勉強答應了她。

就是在那時，我突然意識到。哇哦，我都沒有幾個朋友欸。

我是說，我有熟悉的人、有同事、有那麼幾個從大學就認識的人、有經常打照面的人，卻沒有真正親密的朋友。而且，觀察一下周圍的人，我發現很多人都沒有真正的朋友，不是嗎？

於是，在妻子的敦促下，我開始和一群同齡人出去玩。這些人是我在教堂裡做志工時認識的。那還是二〇〇二年的事，在過去的十五年間，幾乎每個星期二的晚上，我們都會聚一次。

就像許多有上癮症的人一樣，我會盡可能對他人隱瞞自己的嗜好，營造一個假象。在我因

12 她跟我們社區的郵差都很熟。

詹森而頓悟之後，我首先把自己沉迷網路撲克遊戲的問題告訴了這些朋友。對一群我知道不僅不會教訓我，而且會盡全力幫助我的人大聲說出來，僅僅說出來，就使痛苦減輕了好多。擁有這種朋友的支持會讓你備受鼓舞。

要講清楚這群夥伴給我的生活帶來了多少好處，恐怕我還得再寫一本書。不過簡單來說，就是「近朱者赤」的道理。與好人來往，會讓我們變得更好；與好父親來往，會讓我們成為更好的父親；與幸福的家庭來往，會讓我們的家庭更幸福。

3 組建一個顧問團

生活中，人們難免會碰到一些單靠自己的力量無法化解的重大危機或難題。生活中，有些事會突然發生。問題不是危機是否會發生；而是危機什麼時候會發生。

當危機發生時，你需要一個我親切稱之為「顧問團」的東西。不過，顧問團不一定非得有很多人，也可以簡單到只有一兩個你能快速聯繫的人。但是，這些人需要有以下這些共同點：

- 他們年齡得比你大，或許大十到二十歲，因為經驗很重要。
- 他們必須是你真正尊重的人。或許這說得有點多餘，但這些人應該是你將來願意成為的那種人。

當你面對具體的問題，需要很明確的建議時；當你走到人生的分岔路口，需要借助別人的智慧來做出選擇時；當你處於生活的迷霧之中，需要燈塔來指引方向時；當你缺乏經驗、處於人生低谷，需要像雪巴人那樣的嚮導帶你登上峰頂時，你會去找他們[13]。

如果那些關心我、愛護我的成人，沒有花費時間來陪我，沒有給我提供指導的話，我不會是現在的樣子。如果我沒有嚴肅對待這些導師、沒有認真傾聽他們的建議、沒有盡我所能按照他們的建議去做的話，我肯定也不會是現在這個樣子。

做更好的自己，讓每個人都受益

網路賭博的危機已經過去十多年了，現在我能夠問心無愧的說：我和那個時候的我已經不一樣了。為了實現這種轉變，我自己付出了很大的努力，做了一些刻意的安排（比方說，每天向責任同伴發簡訊簽到、安裝阻止賭博網站的軟體、禁止手機聯網）。而且，這種轉變還要歸功於我的妻子、家人、朋友、諮詢師哈里森、週二晚間摯友有限責任公司以及其他導師。在大家的幫助下，我改掉了壞毛病，成了一個更好的人。

13 考慮一下：個人生活指導這項產業現在每年能帶來十五億美元的產值，並且還在迅速增長。為什麼呢？因為我們缺少這方面的指導者，而人們卻急需他們，所以願意花這個錢。

幾個月以前，在廚房櫃子裡翻信件時，我發現了一張寄給妻子的明信片。明信片是一個叫做「學齡前兒童媽媽[14]」的組織寄來的。明信片上這個組織的座右銘吸引了我，上面寫著：更好的媽媽造就一個更好的世界。

這句話不僅適用於媽媽、適用於爸爸，也適用於所有關愛青少年的成人，它是真正意義上通往謙遜的關鍵。

當你變得更好時，每個人都會受益。

謙遜並不意味著你很軟弱，而是意味著你很勇敢。

14 全稱為「Mothers Of Preschoolers」（MOPS）。

第二部分

青春期的不同階段

要幫助你家的青少年，首先你必須了解他們。
在一個由研究人員、心理學家、科學家，
以及一大群關注青少年成長的成年人所構成的優秀團隊幫助下，
我們提煉出了青少年最具代表性的資訊，
並把這些資訊濃縮為易讀易消化的概要。
這些概要既描述了青少年從十一到十八歲每一年所經歷的特殊變化，
也確切描述了每一個階段青少年需要從大人那裡得到什麼，
以及父母可以採取哪些關鍵行動，
來滿足孩子的需求。

準確的診斷

菲爾憎恨醫院。要知道，當他還是個孩子時，曾經連續九天待在醫院裡照顧三歲的小弟弟提米，目睹了弟弟的病情一天天惡化。

整整九天九夜。

當時，提米因為肚子疼而住院。之後，他的狀況不斷惡化。剛開始，他還很清醒，可是睜不開眼。而後，他時而清醒，時而昏迷，不得不依靠機器來呼吸。醫生焦急的給他做了幾十項檢查，能想到的檢查都做了。可是，就是不能確診。

在這個關鍵時刻，蘭米德醫生來了。

蘭米德曾經是他們的家庭醫生，當時恰好在醫院查房。和其他的醫生一樣，他對提米的病情感到困惑。但是，蘭米德與其他醫生不同的是他把提米的病情放在心上。有一天，他拿著一本黃色的大筆記本，坐下來詢問每個家庭成員，讓他們盡可能回想提米住院前一週的每件事。他不肯放過任何細節，不管這些細節看起來多麼無關緊要。蘭米德醫生變成一個正在尋找線索的偵探。

回想提米住院之前的那個晚上，爸爸情緒很激動。晚餐是提米最喜歡的魚柳，可是那天晚上提米很不聽話，就是不肯吃蔬菜。於是為了懲罰他，沒等提米吃完魚柳，父母就早早讓他上床睡覺了。後來，提米偷偷下樓，想吃魚柳，但是媽媽已經把剩下的魚柳扔掉了。

「我記得抱他上樓的時候，他哭著喊：『爸爸，我還想吃魚柳。』」爸爸回想著，眼裡充滿了淚水，「為什麼那時我那麼固執，就是不讓他吃魚柳呢？」

這正是蘭米德醫生想知道的。他從長沙發上蹦起身，沿著醫院走廊跑了下去。

「我想我知道提米的問題出在哪兒了。」蘭米德一邊去找護理長和主治醫生一邊說，「他最喜歡的食物是魚柳，我敢打賭，他偷偷下樓，吃了已經被扔在垃圾桶裡的魚柳。提米一定是食物中毒，我們可以按食物中毒來治療！」

蘭米德醫生的判斷非常準確。不出二十四小時，提米的病情就明顯好轉了。治療食物中毒的方法是很簡單的，但是確診很難。

回顧美國二十五年來的醫療事故索賠案件，約翰．霍普金斯大學的研究人員發現，占索賠案件最大比例的是誤診，而不是手術失誤或者藥物過量。實際上，誤診可能是美國最大的患者安全問題。每年超過十萬人被誤診，在過去的三十年間，與誤診有關的醫療訴訟案件涉及金額總值達三百八十八億美元。

與青少年打交道的過程中，我發現一個類似的問題。

最有能力的父母、教師、看護人，展示了與蘭米德醫生一樣頑強的決心。為了要了解青少年，準確診斷青少年的問題，他們會想方設法弄清楚孩子的想法、感情以及問題的由來。

青少年處在快速變化的階段，這就需要我們及時精準診斷出他們的問題，只有這樣，我們才能更有效幫助他們。

好消息是，這正是本書這一部分將要談論的內容。

下面幾頁概括了青少年從十一歲到十八歲每一年經歷的特殊變化，你會發現這些概要不僅通俗易懂，而且操作方便。這部分內容是我和「只是一個階段」（Just a Phase）專案小組[1]共同合作開發的。這個專案結合了創新性研究和實際應用，體現了團結協作、持續努力的原則。此外，我們的團隊不僅包括研究人員、心理學家、諮詢師、青年工作者，還包括由父母、教師、看護人組成的大規模焦點小組。在團隊成員的共同努力下，我們提煉了關於青少年在每個年齡段最完善的資訊。下面的概述，正是從那些資訊中進一步歸納而來，明確強調了青少年最需要什麼，以及父母應該採取什麼樣的行動，以滿足孩子在各個階段的不同需求。

我們的目標很簡單，就是像蘭米德醫生一樣，利用所能得到的最有價值的資訊，來理解青少年的問題，如此一來，做為父母或看護人的成人，才能夠更有效的幫助他們。

因為，就像提米和蘭米德醫生的故事一樣，你永遠不知道當你密切關注細節時，竟能讓事情的結局完全不同。

1 若想進一步了解，可至以下網址查詢：parentthephase.com。

11—12歲：天真、多變、缺乏安全感

誰喜歡我？

青少年生活的焦點：被人接受

這個時期，孩子的生活開始發生變化，他們的朋友、愛好、情緒，甚至聲音都在變。知道有人在身邊幫助他們時，孩子應對這些變化就會容易一些。

成人的作用：提供保障

因為有這麼多變化發生，所以盡量減少孩子生活中的不確定因素。不論是合理的膳食，便利的出行，還是及時的情感呵護，都會讓孩子覺得自己有所依靠，這對孩子的健康成長有重大意義。

關鍵行動

- 把握住這段時光，這個階段的孩子仍然非常想和你在一起。
- 和孩子一起規劃去冒險，一起考慮有意義的活動安排。（想一想：孩子青春期前有哪些想完成的心願。）
- 盡情享受和孩子一起讀書、看電影、聽音樂的時光，這能引發你與孩子之間關於人生有意義的談話。
- 與孩子談論成人的生活，談論你最大的冒險和失誤。他們想聽。
- 與孩子討論性方面的話題，認真回答他們問你的任何問題。如果你不這麼做，他們就會去問 Google。

在這個年齡……

孩子的思維比較機械，因此替他們連接生活的節點。
他們的行為動機是出於讓人接受，因此支持他們自己去摸索道路。

研究表明，他們正在經歷以下這些變化：

生理層面

- 飯量大增，並且每天需要睡九到十一小時。
- 繼續掉臼齒（九至十二歲）。
- 女孩在發育方面超過男孩。
- 男孩個子長高、體重增加、荷爾蒙分泌增加，很有可能會長青春痘。
- 女孩個子長高、體型變化，可能開始來月經（十至十六歲）。

心理層面

- 喜歡學習新技巧，喜歡有挑戰性的事物。
- 漸能理解抽象的概念，比如正義。
- 開始具有從不同角度看世界的能力。
- 努力尋找別人行為的動機。
- 大腦的快速發育可能會導致健忘。

人際關係層面

- 經常辯論，可是論證多以感情為基礎，而不是邏輯。

• 尋求同伴的認可、贊同。
• 通常在家裡表現出自己最壞的一面。
• 如果有一位同性摯友會讓他們受益良多。
• 重視父母以外其他成人的影響。
• 開始對異性產生興趣，會嘗試親暱的舉動。

情感層面

• 為了融入群體，常常掩飾自己真實的感情。
• 相互交流感受，對他們大有益處。
• 為下決定而猶豫不決。
• 與其他任何階段相比，更容易撒謊。
• 可能會看重感官刺激，而輕視堅持和實踐的作用。

距離高中畢業，大約還有三百六十四週……

12—14歲：好奇、易怒、不穩定

我是誰？

青少年生活的焦點：尋求自我

這時，孩子進入一個自我發現的階段。他們的興趣和能力可能會發生變化，而且，生平第一次，開始和有些人合不來。他們開始考慮自己是誰、自己相信什麼。

成人的作用：肯定孩子開始顯露的長處

很多聲音以及媒體都試圖塑造他們的身分，有的積極，有的消極。孩子需要有人肯定他們的長處，指出他們的錯誤觀念，並且說明他們自己的獨特之處。

關鍵行動

- 多多鼓勵，每天都對他們說些鼓勵的話。
- 開車帶他們去想去的地方，和孩子在車內閒聊的機會很快就沒有了。
- 和孩子一起制定一套規矩，一套條款清晰、得到他們認可的規則，會幫助你成為一名辦事公正的權威人士。
- 尊重的前提下密切關注他們的行蹤。用數位設備和孩子保持聯繫，並且經常和他們待在一起，不過適度留給他們一些空間。
- 指出他們的獨特之處。如果你不幫助孩子弄清他們的身分，其他人就會乘虛而入。

在這個年齡……

> 孩子的思維比較機械，因此替他們連接生活的節點。
> 他們的行為動機是出於讓人接受，因此支持他們自己去摸索道路。

研究表明，他們正在經歷以下這些變化：

生理層面

- 每晚仍然需要九到十一小時的睡眠時間，另外，孩子可能很容易疲勞，或者常常頭痛。
- 女孩發育比男孩快一些。
- 男孩個子長高、體型改變、身體可能會產生異味、體毛開始生長、肌肉開始增長。
- 女孩生長突然加速、身體產生氣味、體毛開始生長、胸部開始發育、很可能會來月經（十至十六歲）。

心理層面

- 能夠進行自我評估與自我批評。
- 能夠看到問題的正反兩面。
- 能夠蒐集資訊形成觀點。
- 能夠解決步驟繁多、複雜的問題。
- 整理思緒的能力增強，不過，可能還不會整理自己的房間。

人際關係層面

- 通常對通俗文化、流行語或時事感興趣。

- 想要參與規則的協商，踰越界線。
- 在某些方面會表現出發展中的、類似成人的性格。
- 需要父母以外的成人的影響。
- 同性摯友會讓他們受益。

情感層面

- 喜歡嘲諷的、世故的笑話。
- 常常熱衷於領導別人，喜歡教年紀較小的孩子。
- 可能會在意外貌和表現。
- 傾向於把自己的時間安排得過滿。
- 從情感交流中受益。

距離高中畢業，大約還有三百一十二週……

14－15歲：合群、衝動、喜歡追根究柢

我究竟屬於哪裡？

青少年生活的焦點：朋友

這個年齡的青少年大多展開高中生活了，就像小魚游到了一個更大的池塘裡，他們可能會產生一種被人忽視的感覺。在這個階段，青少年與同伴接觸、尋求成人認可的願望非常強烈。

成人的作用：了解孩子的圈子

這個年齡的青少年喜歡去能獲得認可的地方，而且，在今後的四年內，沒有人能像朋友那樣影響他們的決定。因此，你需要密切關注來自他朋友的影響，幫助他明智的結識朋友、選擇朋友。

關鍵行動

• 重點發展健康的友情。弄清楚什麼環境會對青少年產生積極的影響，並且設法讓他們進入那個環境。
• 幫助他們成為一個別人眼中的好朋友。與他們討論朋友間「主動」「真誠」「寬容」意味著什麼，培養相關的技能幫助他們找到朋友。最好能引用你自己生活中的例子來說明。
• 記著你擁有否決權。父母行使否決權時要慎重，但如果必要的話，要及時運用否決權，把消極影響消滅在萌芽狀態。
• 給孩子希望。不管這一年發生什麼，他們自身的價值都不會因此改變，他們的未來也不會因此定格。
• 擴大圈子。邀請其他值得信賴的成人，抽出時間陪伴他們。

在這個年齡……

孩子像哲學家一樣思考，因此，多問孩子問題。
追尋自由是他們的行為動機，因此，盡可能讓他們自己選擇。

研究表明，他們正在經歷以下這些變化：

生理層面

- 晚上十一點前很難入睡（這是生理原因）。
- 每天需要九小時的睡眠時間和一小時的活動時間。
- 女孩仍然比男孩發育得快一些。
- 男孩個子長高、氣味加重、毛髮更密、肌肉增加；同時可能會開始出現青春痘增多、聲音變化，以及春夢。
- 女孩身體呈現成人的體態，月經來後，身高增長速度將會變慢，直至停止增長。

心理層面

- 聚焦、回憶、組織資訊的能力逐漸增加。
- 過於在意自我，認為「每個人都在看我」。
- 喜歡冒險和聳人聽聞的經歷。
- 對可能會令人尷尬的情形很反感。
- 「無聊死了」常常意味著「我不理解」。

人際關係層面

- 女孩開始經常化妝。
- 戀愛關係往往是曇花一現。
- 對性愈來愈感興趣（據報告，美國此年齡段三十%的人有性經驗）。
- 想讓父母聽他們說，而不是給他們建議。

情感層面

- 能夠選擇，會比給規則更讓孩子感覺有信心。
- 可能仍然對自己處於變化中的身體感到不安。
- 需要別人的幫助來應對極端的情緒。
- 積極性方面可能有所變化。
- 尋求刺激的情感經歷。
- 對自我傷害、酗酒、色情資訊等容易著迷。

距離高中畢業，大約還有二百零八週……

15–16歲：叛逆、冒險、勇於嘗試

為什麼我不可以？

青少年生活的焦點：追尋自由

在這個階段，青少年開始懷疑生活應該遠不止他們看到的、經歷的那樣。而且，隨著他們個人經歷的增加，會更加質疑權威的建議，即使是善意的建議。

成人的作用：幫助孩子樹立價值觀

隨著自由的增加，青少年的冒險行為，甚至是自我毀滅的行為有可能會升級。這時你需要幫助青少年樹立正確的價值觀，建立個人行為準則，做好面對失敗和不良後果的引導。

關鍵行動

- 獲得其他成人的幫助。創造機會，讓孩子能夠接觸到更多能幫助他們建立正確價值觀的成人。
- 主動出擊。即使孩子把你從身邊推開，也要爭取他們的信任。寫卡片給他們；發訊息給他們；出其不意帶他們出去吃午飯。騰出時間陪他們一起高高興興玩耍。
- 始終如一。幫孩子建立明確的規則，對孩子說明你的期待，以及違規的後果，言行要始終一致。預先防範是關鍵。
- 談論情感問題。不管他們是否開始談戀愛，他們肯定對於戀愛有看法。給他們機會，讓他們在一個沒有壓力的情境下和你談論他們的戀愛觀。
- 尋找冒險的機會。不要限制他們的經歷，而是設法尋找機會，鼓勵他們去體驗，讓他們置身於充滿挑戰的情形中，這樣才能激發他們的潛能。

在這個年齡……

> 他們像哲學家一樣思考。因此，多問孩子問題。
> 追尋自由是他們的行為，因此，盡可能讓他們自己選擇。

研究表明，他們正在經歷以下這些變化：

生理層面

- 晚上十一點前很難入睡（這是生理原因）。
- 每天需要九小時的睡眠時間和一小時的活動時間。
- 女孩很有可能已經達到成人的身高和身體發育程度。
- 男孩可能會開始出現青春痘增多、聲音變化，以及春夢。

心理層面

- 聚焦、回憶、組織資訊的能力逐漸增強。
- 熱衷於談論全球性議題，並且可能會譴責成人的做法。
- 過於在意自我，可能認為「每個人都在看我」。
- 喜歡冒險和聳人聽聞的經歷。
- 好奇心強，喜歡追根究柢，對超自然現象感興趣。

人際關係層面

- 對戀愛關係可能變得更加「投入」。
- 對性愈來愈感興趣（據報告，美國此年齡段四十一%的人有性經驗）。
- 對約會暴力和強暴的敏感度增加（十六歲）。
- 可能會抑鬱，這幾年是青少年自殺事件的高發時期。
- 渴望獲得自由、尊重，希望擔當重任，喜歡與願意聆聽自己想法的成人交談。

情感層面

- 能夠選擇，會比給規則更讓孩子感覺有信心。
- 很在意別人對自己的具體讚揚。
- 開始意識到自己的個人傾向以及行為方式。
- 需要別人的幫助來應對極端的情緒。
- 尋求刺激的情感經歷。
- 對自我傷害、酗酒、色情資訊等容易著迷。

距離高中畢業，大約還有一百五十六週……

16－17歲：標新立異、理想化、不切實際

我要怎樣才會變得重要？

青少年生活的焦點：與眾不同

在這一階段，青少年更加敏銳的意識到自己的長處和短處，以及自己和同伴有什麼不同。他們常常對更為宏大的社會事業感興趣，並且渴望為之貢獻。

成人的作用：幫助孩子培養才能

這是充滿壓力的一年，孩子的自由和責任有時會相互衝突。父母需要幫助他們發現機會，以測試他們的興趣、拓展他們的能力，並充分認識他們的獨特之處。

關鍵行動

- 識別孩子獨特的才能和性格，把孩子的潛能激發出來。
- 讓其他成人也參與進來。邀請一些值得信任的成人來幫助你發現孩子獨特的才能和性格。
- 發現孩子有消極行為時，告訴他們：「你現在的所作所為可不像你自己。」通過指出孩子的行為違背了他們自己的價值觀，來勸阻他們的消極行為。
- 不要扼殺他們的夢想，即使孩子的想法看起來不現實，家長也要明白，他們是在追尋自己的夢想。
- 父母的職責已經變了，你的角色已經從航空管制員變成了教練。

在這個年齡……

> 他們像哲學家一樣思考。因此，多問孩子問題。
> 追尋自由是他們的行為動機，因此，盡可能讓他們自己選擇。

研究表明，他們正在經歷以下這些變化：

生理層面

- 晚上十一點前很難入睡（這是生理原因）。
- 每天需要九小時的睡眠時間和一小時的活動時間。
- 女孩很可能已經達到了成人的身高和身體發育程度。
- 男孩可能會繼續長高，肌肉繼續發育，體毛以及鬍鬚會繼續生長。

心理層面

- 能敏銳洞察一些複雜的問題。
- 喜歡冒險和聳人聽聞的經歷。
- 有投機心理和理想化的傾向。
- 很難做長遠打算。
- 智力不斷發展，能理解似是而非的、誇張的、含沙射影的、諷刺的說話方式。

人際關係層面

- 對戀愛關係可能變得更加「投入」。
- 對性愈來愈感興趣（據報告，美國此年齡段五十四%的人有性經驗）。

- 關心控制、責任、自由之類的問題（不管是個人方面的，還是全球性的）。
- 傾向於以自我為中心，整天忙東忙西見不到人。

情感層面

- 把幽默看做積極溝通的一面。
- 對「我是誰」這個問題不再像以前那麼糾結，可能變得比前幾個階段更加誠實。
- 常常高估自己的能力。
- 可能很難調整控制自己的情緒。

距離高中畢業，大約還有一百零四週……

17—18歲：關注未來、積極主動、對未來有畏懼心理

我將來要做什麼？

青少年生活的焦點：畢業

在這一時期，青少年已經開始厭倦高中生活，他們一般會表現出對學校相關活動不感興趣。他們轉而對高中之後的生活充滿了好奇。不過，就在期盼將來的同時，他們也很焦慮，不知道自己的將來會是什麼樣子。

成人的作用：關注他們的選擇

對於這個年齡的青少年來說，沒有什麼比「你能做任何事」更令他們歡欣鼓舞的，沒有什麼比「你沒有選擇」更令人沮喪的，這個年齡的青少年大多介於兩者之間。因此，家長需要幫助孩子做出積極、實際的選擇，為將來做好準備。

關鍵行動

- 讓孩子平靜下來，告訴他們不需要現在就弄明白整個人生。
- 關注孩子的「蹣跚學步」，幫助他們確定最初要走哪幾步。
- 與孩子討論事業方面的興趣。幫助他們調查、測試這些興趣。
- 不要急於幫孩子擺脫困境。讓他們自己學會如何應對困境，如何改正所犯的錯誤，這能讓他們為將來做好準備。
- 孩子即將享有前所未有的自由，因此，找個合適的時機，移交那份自由，讓他們學會自己做主。不過，在他們自己處理很吃力的方面，繼續給他們提建議。

在這個年齡……

> 他們像哲學家一樣思考。因此多問孩子問題。
> 追尋自由是他們的行為動機，因此，盡可能讓他們自己選擇。

研究表明，他們正在經歷以下這些變化：

生理層面

- 智齒可能開始長出（十七至二十一歲）。
- 晚上十一點前很難入睡（這是生理原因）。
- 每天需要九小時的睡眠時間和一小時的活動時間。
- 女孩很有可能已經達到了成人的身高和身體發育程度。
- 男孩身高會繼續增加，肌肉繼續發育，體毛以及鬍鬚會繼續生長。

心理層面

- 可能會過於浪漫化或者危言聳聽，把情形看得過分嚴重。
- 對時事以及社會問題很敏感。
- 能夠解決情形複雜、步驟繁多的難題。

人際關係層面

- 對性愈來愈感興趣（據報告，美國此年齡段六十四％的人有性經驗）。
- 很少有空待在家裡。
- 在個人決定方面，想要自己做主。

• 能尊重別人的意見並且能夠妥協。
• 和成人待在一起時，感覺更自在了。

情感層面

• 情緒上變得更穩定，但是仍然需要父母的支援和照顧。
• 通常在某一個特別感興趣的領域做得很好。
• 重視對自己坦誠。
• 在個人興趣方面常有創造性的想法。

距離高中畢業，大約還有五十二週……

第三部分

青春期常見的挑戰

這部分內容直面現實問題，
旨在幫助你應對與孩子相處時會面臨到的常見挑戰。
我建議你把這部分內容當成一本食譜，
你可以直接翻到你需要解決的問題，閱讀詳細的指導。
當然，你要弄清楚的不是怎麼做出能奪得大獎的酥皮藍莓點心，
而是要弄清楚當孩子有四門功課考試不及格，
或者醉醺醺回到家時，你該怎麼做。

人際關係及溝通方面的挑戰

畫面漸顯：室外，傍晚，一棟位於郊區的普通房子。

畫面溶至：室內，廚房。

米格爾，一個十六歲的青少年，正坐在廚房裡的中島流理台前。他塞著耳機，邊聽音樂邊寫作業。他顯得有點心不在焉，一會兒轉轉鉛筆，一會兒往嘴裡塞點兒細麵包條。

畫面溶至：通向廚房的走廊。

安琪，一個拉美裔美國媽媽，走進廚房。她面帶微笑，看上去很開心。

安琪：嘿，親愛的！

米格爾：（取出耳機，眼神中有點困惑）嘿，媽媽。

安琪：到時間了。

米格爾：什麼時間？我忘了……？

安琪：我剛剛收到一封嘮叨俱樂部的提醒郵件。

米格爾：嘮叨俱樂部？

安琪：是的，它叫嘮叨阿斯特。無論如何，到了我該嘮叨你的時候了。

米格爾：哦，用不著……

安琪：用得著。對了，它在這裡。（邊說邊取出一個單子，開始毫無感情的讀起來，像是在讀一本電話簿，好像只是為了完成任務似的讀著這個清單）已經說了五十遍了，你能扔了那些垃圾嗎？為什麼你總是在打電子遊戲？你做完所有的作業了嗎？看在上帝的份上，收拾一下你的房間，它聞起來就像發黴的儲藏室。不要那樣大聲和我說話。為了生你我肚子上挨了一刀，可是，你現在說的話比那一刀更傷人。

米格爾：哇噢！

安琪：知道了吧，要不是我提醒你這些生活中最重要的事情，恐怕你都會忘得一乾二淨。

米格爾：我覺得不會。

安琪：不，會的。如果我不嘮叨你，你最終會流落街頭的。

米格爾：不可能。

安琪：（有點兒急，想發火）從統計資料上來看，他們說這些事經常發生。

米格爾：等等，「他們」是誰？

安琪：我得對你的選擇施加影響，而嘮叨是實現這個目標唯一的方法。

米格爾：我覺得這不管用。

安琪：也許你說得對。我還得情緒激動一些，我得大喊大叫，這樣你就知道我不是在跟你開玩笑了。

米格爾：呃……

安琪：（帶著情緒，非常大聲讀起了那份清單）看在上帝的份上，收拾一下你的房間，它聞起來就像發黴的儲藏室。

米格爾：（打斷她）媽媽，媽媽，媽媽，這不管用，我不理你了。

安琪：不，不行。你不能因為我嘮叨得多了，就不理我。

米格爾：你是說次數多，還是說分貝大？

安琪：有什麼區別嗎？

米格爾：再說一遍，我覺得那不管用。

安琪：好吧，看來你和你爸爸不一樣。

米格爾：媽媽，我們不妨談一下我們都想做的事，並且保證……

安琪：不，我只想嘮叨嘮叨。我媽媽是這麼做的，因此，我也打算這麼做。

米格爾：好吧。那麼你嘮叨的時候，介意我對你翻白眼不理你嗎？

安琪：當然介意。現在趕快去刷牙，並且，向我保證你不會未婚先孕。

米格爾：嗯

畫面溶至：房間走廊。

旁白：厭煩了嘮叨嗎？如果青少年沒有按照你希望的那樣發展怎麼辦？這部分內容將教你，當青少年不聽話的時候如何保持冷靜，如何不用嘮叨就能讓他們聽話。同時也會告訴你一些易懂、易操作的方法，讓青少年尊重你、親近你、心甘情願受你影響。接著讀下去，別像安琪一樣。

讓孩子懂得承擔責任、學會道歉

挑戰

偉大的英國詩人亞歷山大·波普有句名言「凡人難免犯錯」。但是，很多人不知道這句名言的後半句，那就是「寬恕方顯神性」。學會如何請求對方寬恕，對於保持健康的關係至關重要。

當青少年把事情搞砸的時候（他們肯定會有把事情搞砸的時候，我的意思是，你當年不也是這樣嗎），他們需要從關心他們的成人那裡獲得幫助。無論是孩子得罪了朋友，觸怒了權威人士，還是從你的錢包裡悄悄拿了錢，你都可以把握住機會，把一個標示著羞恥、不安、尷尬的情形，變成一個能幫助他們更充分培養同情心、走向成熟的練習。

你的目標

培養一個能為自身行為負責的青少年，培養一個願意誠心認錯並真心悔改的青少年。

會發生什麼

「我沒錯。」

你的孩子可能很固執，拒絕承認自己錯了[1]。這往往是因為他們害怕，沒有安全感。孩子的自尊心本來就脆弱，道歉會讓他們覺得是在承認不足，讓他們對道歉更容易採取拒絕的態度。

你不妨試試下面的兩種說法：

- 「我想，你可能需要深刻反省一下。我覺得你做的事情好像傷害了你在意的人。你覺得我

1 這不只是青少年才會有的問題。我曾經有一個朋友，他道歉時是這樣說的：「這不是我做過最正確的事。」不過結婚後，他變得非常善於道歉了。

說的對不對？」

‧「我的切身體會是，道歉比不道歉需要更大的勇氣和力量。你覺得呢？」

「好吧，要是他們沒有＿＿＿我肯定不會＿＿＿。」

通常情況下，雙方都有錯。不過，麻煩的是，青少年只關注自己如何委屈，而且會竭盡全力為自己的行為辯解。你得小心拆除這顆炸彈的引信，方法就是要區分原因和藉口。原因是用來說明青少年為什麼會那樣做的因素。了解這一點非常有用，但是要讓孩子明白，原因絕不是藉口或者辯解，而且從來沒有人強迫他們去做某事。任何人都沒有那種權力，因為，我們每個人只對自己的行為、言語、思想和情感負責。

以下這些問題能幫你抓住這個區別的核心：

‧「我想聽聽你的想法，到底發生了什麼？」

‧「當時你有什麼感覺？你認為是什麼原因讓你那麼做？」

‧「好吧，我聽懂你說的原因了。這些原因可能讓你很苦惱，但是你不覺得，這些原因是你給自己找的藉口嗎？」

「**我真的不知道做錯了什麼**。」

青少年很可能不知道自己錯在哪裡，這一點也不奇怪。眾所周知，青少年常常不了解社會情況，經常誤解人際關係。所以，有時候可能整件事完全就是一個誤會。如果青少年和別人發生衝突了，你可以教給他們兩句特別有用的話，來幫助他們和對方和解：

- 「我覺得我們之間關係有點緊張，我思考這件事情很長時間了。是不是我做了什麼讓你不高興的事？我做錯了什麼事嗎？」
- 「和你吵架我非常抱歉。我真的很抱歉。我真的很看重你這個朋友。如果我做了什麼事讓你很生氣，請你告訴我，讓我能向你道歉。」

怎麼辦

一、**教孩子學會體諒他人**。訓練青少年設身處地，為他人著想。道歉是「承認自己造成的過錯或失敗並為此表達遺憾」的一種方式。道歉的意義在於：承認你做錯了一些事，給他人帶來傷害，並且破壞了你們之間的關係。為了有效表達歉意，青少年必須學會考慮他人的感受。問青少年以下幾個問題：

- 到底發生了什麼？
- 你覺得對方為什麼會生氣？
- 你認為他們有理由生氣嗎？
- 如果換成是你，你會有什麼感覺？

二、**鼓勵孩子自我評估**。訓練青少年評估他們自己的行為。大部分青少年喜歡議論他人的過失，念念不忘別人如何虧待自己。他們很少進行自我評估，不能客觀評價自己做的事情。父母的任務就是使孩子放鬆下來，問孩子一些能使他們評價自己行為的問題。這樣的話，他們就會意識到自己錯了。

為了幫助青少年自我反思，問問他們下面這些問題：

- 現在事情已經過去了，你也不再衝動了，回頭看看，你還希望那樣說或者那樣做嗎？
- 你覺得，你當時做得對嗎？或者，你原本可以做得更好嗎？
- 如果有人用你對待那個人的方式去對待你，你會怎麼做？

三、**促進孩子走向成熟（讓他們邁出第一步）**。訓練青少年以成熟的方式做事。許多青少年覺得，主動道歉等於承認整件事都是自己的錯。你要讓他們明白，並非如此。即使孩子只有五％的錯，對方有九十五％的錯，你也要讓孩子明白，成熟的人會為那五％的錯承擔百分之百的責任，父母要鼓勵青少年邁出第一步：主動道歉。

幫助青少年明白，我們之所以道歉，其中很重要的原因是為了表明我們非常重視對方，珍惜我們和對方的關係。向青少年說明：邁出第一步需要勇氣，意味著成熟。

四、幫助孩子學會補救。青少年做的事情很可能會產生不良後果。你得幫助孩子採取必要的行動，把錯誤糾正過來，幫助他一起想想如何補救。

提醒孩子這些情況或許還可以補救：

- 花錢：如果青少年不小心把朋友的手機弄掉到河裡，那他就得賺錢給朋友買新手機。
- 花時間：如果青少年忘了做自己答應過的事，那麼他們就得停下自己正在做的事情，立刻兌現那個承諾。
- 犧牲自我：如果青少年因為說錯話而傷害了他人，那麼他就得站起來，當著大家的面向對方道歉。

五、勸說孩子要順其自然，不要期望他人一定會接受自己的道歉。每次道歉之後，我們確實希望對方能夠看到我們的誠意，希望對方明白我們改變的決心，希望對方回應「我接受你的道歉，我原諒你了」。但是，事情也可能不是這樣發展的，對方可能不接受你的道歉，或者需要過段時間才能接受，對方可能會說：「不！我不會原諒你！我永遠也不會原諒你的所作所為！」

接受道歉往往比表示歉意更難。問青少年下面的問題，引導他們思考，萬一對方不接受自己的道歉時，該怎麼辦：

• 在你表示歉意之後，你希望對方如何反應？最好的情況是什麼？

• 你認為對方的反應有沒有可能跟你想的不一樣？對方可能會怎麼做？

• 如果對方不接受道歉，你將會怎麼做？你會怎麼說呢？

提醒青少年，道歉是他們的責任；不過，是否接受道歉，則是對方的事。青少年需要懂得，他們只能控制自己的行為。他們已經勇敢、真誠、謙遜的做了自己需要做的事情。如果對方拒絕接受道歉，繼續生氣，心存怨恨，那不是他們的錯，那是對方的錯。告訴孩子，有時候，他們或許只能說：

「你這樣想我很難過。我希望有一天你能原諒我。我確實很在乎你。」

有效表達歉意的步驟

把道歉的話寫出來，有這麼幾個好處。首先，它能確保你不會因為緊張而結巴或者忘掉一些重要的細節。其次，它能讓你有時間仔細思考自己做了什麼，促使你選擇合適的語言來表達歉意。

一封真誠有效的道歉信包括以下幾個部分。

第一部分：一開始清楚表明你道歉的意圖，這能消除對方的敵意，進而創造一個相對寬鬆的氛圍。

「親愛的奧利維亞：我想向你道歉。我把這份歉意寫下來，是為了確保我能把自己的意思表達清楚。」

第二部分：盡可能明確描述冒犯對方的那個時刻。

「那天，你和朋友看校隊籃球比賽時，我問你要不要一塊兒去小吃城，我當時根本沒有意識到，如果我主動提出給你買什麼東西的話，你的朋友會認為我想和你約會，或者你的朋友會認為我『喜歡』你。

另外，我還得向你道歉，因為看到你的反應之後，我不知道自己該做什麼。我知道我應該向你道歉，但當時我沒有勇氣，而且不知道該說什麼。我本應該馬上走開，給你空間，而不是在你和你的朋友附近閒晃。其實，我當時只是想跟你道個歉，彌補錯誤，但是我現在意識到，實際上我把事情弄得更糟糕了。」

第三部分：讓對方知道，你試圖從他的角度看問題。讓對方看出你知道你的行為或言語對他人的影響（即使你不是故意的）。

「從你的角度來考慮這件事，我能想像，你在朋友面前覺得非常尷尬。儘管我沒有預料到會是那樣，而且我不知道你的朋友會以那樣的方式來看待事情。我現在明白了，我的所作所為讓你很尷尬。」

第四部分：使用「因為」這個詞，別用「如果」。比方說，「我非常抱歉，因為我傷害了你的感情」比「如果我傷害了你的感情，我非常抱歉」要好。傷害不存在「如果」，它已經發生了，使用「因為」這個詞，能表明你在承擔責任。

「我非常抱歉，因為我的所作所為讓你很難堪，讓你感到很尷尬。」

第五部分：概述一個明確的改變計畫，這是道歉信最重要的部分。這能向對方表明你非常認真看待這件事。沒有人喜歡那種重複同樣錯誤的人。

「為了確保類似情況不會再次發生，我會尊重你的隱私，當你和朋友在一起的時候，我不會獨自靠近你。除非你的哥哥和我在一起，否則我不會邀請你做什麼事。那樣的話，我會讓你的哥哥來問你，是否願意加入我們，和我們一起去。」

第六部分：請求對方保持耐心。當你告訴某人你準備嘗試改變時，務必說些有這樣效果的話：「不過，我可能偶爾還會犯錯，因此，請一定要對我有些耐心，因為，我確實想改。」大部分人會非常有耐心，因為他們知道你在嘗試改變自己。他們不要求你完美，只希望你有所改進。

「不過，如果今後我做了什麼事讓你很難堪，請對我有些耐心，並且直接告訴我，因為我確實想成為你的好朋友。」

第七部分：肯定對方以及你們之間關係的重要性。

「非常感謝你願意聽我說這些，我確實希望你能夠原諒我。你是我最好朋友的妹妹，而且，我覺得你是一個很棒的人。」

如何精心撰寫一封有效的道歉信

我們已經分析了道歉信所有必要的組成部分。下面是一個很好用的範本，你可以讓孩子按照這個範本撰寫他們自己的道歉信。

1 **簡單描寫你做了什麼不對的事情、說了什麼傷感情的話**。

提示：究竟發生了什麼？我做錯了什麼？

2 **說明你做的事傷害了對方**。設身處地為對方想一想，你可以列一個清單，來說明你想清楚自己的行為會給對方什麼感覺。如果對方對你做了同樣的事，你會有什麼感覺。

提示：我的所作所為是如何傷害到對方的？

3 **說明你打算做什麼，如何改變**。如果你愛一個人，卻做了傷害對方的事情，那麼，愛意味著停止做那件事，立即停止（盡你所能）。弄清楚下一步該做什麼，然後告訴對方。

提示：我需要做什麼，才能把事情糾正過來。

當孩子辜負了你的信任時，該怎麼辦

挑戰

相信你和大多數父母一樣，有自己管教孩子的規矩。而且，你可能花費了很多時間和孩子談論這些規矩，因為你希望這些規矩能幫助他們變成某種類型的人。如果青少年出於無知，或者因為意外或不注意違反了這些規矩，那另當別論。可是，如果青少年是故意的，而且也知道自己的所作所為違反了你花費了心血訂立的規矩呢？這會把你逼瘋的[2]。

而且，這也會讓你們之間的關係變得很緊張。但是如果失敗對於每個人來說是不可避免的，那麼讓孩子早點經歷失敗，多體驗幾次失敗，給他們一個在安全的、能獲得支援的環境下從失敗中吸取經驗教訓，是幫助他們成長最好的方法。下面我們來看看，如何做到這一點。

你的目標

趁孩子犯下愚蠢的錯誤時，坦誠的與他們交流，引導他們培養自我管理能力，給他們提供一個清晰的計畫來重建信任。

會發生什麼

有些時候，青少年會辜負你的信任，你早晚會碰到這種事。

青少年，顧名思義，他們不是成人。他們會犯錯；他們會考慮不周；他們會做錯誤的決定。想想你自己的青春期，你曾經做過什麼欠考慮、非常愚蠢或者完全錯誤的事嗎？做過一些現在看來讓你汗顏的事嗎？你肯定做過。因此，對這樣的情況要有準備。

當青少年犯錯時，你應該也能料到他們會錯上加錯，例如對你撒謊。通常，青少年撒謊有

---

2 類似的情形總是會讓我想起我那慈愛、天使般善良的祖母，她說（這是她的原話）：「想要制服那個孩子沒有錯，那樣做卻是重罪。」說得多明智，哲人的話呀！

如下兩個原因：

自我保護。他們害怕惹上麻煩，因此會把證據藏起來，省略關鍵細節或者直接抵賴。這不是因為他們喜歡撒謊，不懂得是非曲直。這是因為他們害怕。

因為他們在乎你。青少年本能知道他們的所作所為會讓你失望，因此，他們會撒謊，試圖對你隱瞞這件事。因為沒有什麼比從我們所愛之人的眼睛裡看到失望更糟糕的了。你要嘗試分析孩子行為後面的動機。

青少年可能會死不承認，對他們來說，你如何看待他們事關重大[3]。不管孩子是否表現出來，他們確實可能非常害怕。他們不傻，他們知道辜負了你的信任。他們正在尋找方法來重新獲得你的信任，恢復你們之間的關係。不過，他們需要一個明確的計畫。

誠然，什麼時候能再次信任某人是一件非常主觀的事。可是為了獲得信任需要採取的步驟往往非常具體簡單。因此，讓青少年確立下面的步驟。

怎麼辦

一、**改變你的看法**。也許這是件好事呢？我們知道當青少年犯錯了，你會很生氣。可能他們做的事情愚蠢至極，或者，他們的所作所為可能違背了你在過去十五年間一直試圖教給他們的價值觀。所以，一想到這些你就生氣，覺得自己成了綠巨人浩克。

可是，也許情況跟你想的完全不一樣呢？也許這是一個窺視青少年內心世界的絕佳機會呢？也許你能換個方式，最大限度利用這次失誤，在你和孩子之間進行一次真誠的對話呢？是發現了青少年在聚會上喝酒嗎？可能他正在努力辨別誰才是真正的朋友，哪些才是肺腑之言（可能他知道）。是他們因為一些瑣事對你大發脾氣嗎？很可能還發生了一些他們不願談論的事。是他們在網上發了一張自己穿著內衣的照片嗎？那很可能是因為他們缺乏安全感，而試圖獲得（當然是錯誤的）注意。

二、**努力平息你的怒氣、失望和恐懼**。當青少年做了一些不成熟、危險、愚蠢的事情，你會發怒。可是發怒通常只是感情這座冰山的一角，痛苦、失望、排斥、害怕、恥辱都藏在下面。你有什麼感覺呢？你為什麼會有這種感覺？

這裡的目標是讓自己平靜下來，如何才能做到這一點則取決於當時的情形。或許你需要從孩子的身邊離開幾分鐘，臨走時可以說下面這句很好用的台詞：「我知道你說的事情了，我也了解你的意思了。不過，我需要幾分鐘來好好考慮一下。」

---

3 如果你懷疑這一點，請參見本書第一部分「第一種思維模式：青少年比看起來更需要你」。

你需要考慮的問題：

- 老實說，這件事讓我很生氣，因為＿＿＿＿＿＿。
- 我很害怕，因為這件事意味著＿＿＿＿＿＿。
- 我最擔心＿＿＿＿＿＿。

三、**孩子以為自己肯定會挨罵**。這時，向他們展示你脆弱的一面，會取得意想不到的效果。青少年認為你最想做的事就是懲罰他們，把他們關在家裡，三十歲之前不許出門。可能你有時也會那樣想，即使那意味著他們二十幾歲時還得和你在一起生活。

孩子的行為可能會有非常嚴重的後果。但是，也許這一切都是次要的呢？孩子知道你會找他們談話。不過，如果你用盡自己最大的努力，誠懇的和他談論發生的事情、你的恐懼、你的憂慮，又會是什麼結局呢？如果你開誠布公的指出激怒你的原因，那麼青少年就能夠看到事件背後隱藏的東西，能夠意識到你不是因為他違反了「你的規矩」而抓狂，而是因為你真正為他的幸福擔憂。

下面的句子可以做為參考來幫助你打開局面。

- 我擔心，如果＿＿＿＿＿＿，＿＿＿＿＿＿可能會發生。
- 我擔心＿＿＿＿＿＿。

• 最讓我害怕的是＿＿＿＿＿＿。

記住，如果你展示自己脆弱的一面，孩子也會向你展示他們內心脆弱的一面。

四、問問孩子：「你認為接下來會發生什麼？我們[4]要如何彌補這個錯誤？」讓青少年參與討論善後事宜是一個很好的方法。絕大多數的成人都認同，孩子想出來的懲罰方式，比他們自己想的要苛刻得多。

確保青少年想出的懲罰方式切實可行，而不是一個不合理的推論。這需要幫助青少年在行為、信任的損害、後果三者之間建立一個脈絡清楚的連結，而不僅僅是自責。

不合理的陳述：我未經允許偷偷開了你的車，因此整個五月，我會用我的牙刷來清理家裡所有的衛生間。

切實可行的懲罰措施：如果青少年未經允許偷偷開了你的車，合理的懲罰是在未來一個月或兩個月之內，在沒有你陪同的情況下他不能開車到任何地方，或者在一定的時期之內不能借用汽車。

---

4 首先，注意「我們」這個詞。這是特意這麼說的。使用「你」這個詞，從意義上來說更準確，但是這會把青少年置於對立的位置上。

五、教給孩子，透過多交流來加速獲取你的信任。教給青少年，如果他們想重新獲得你的信任，他們需要和你多交流。要求他們主動詢問你他們該做的日常事務，要求他們完成安排的任務後及時和你溝通；要求他們主動告訴你他們要去哪裡、什麼時候到達的目的地、正在做什麼、接下來打算做什麼、什麼時候回家等。向青少年解釋，多交流是在告訴他們生命中最重要的人，「我想讓你重新信任我。」

六、問孩子這個問題：「從這件事我們學到了什麼？」父母主要的作用就是發展與孩子之間的關係，幫助他們培養健康的、富有成效的自我管理能力。實現這個目標的關鍵方法，就是引導孩子自我反省。

試著問青少年下面的問題：

- 對你來說，整個事件中什麼最困難？
- 我怎樣才能知道什麼時候你更誠實、更可靠呢？
- 經由這件事，你對自己有了什麼了解？
- 如果時間可以倒流，你有機會重新做這件事，你會改變什麼？
- 你還有什麼事情瞞著我嗎？

建立明確、成文的家規

挑戰

他又一次打破了宵禁令。現在，已經是晚上十一點四十八分，已經是痛苦的一天該結束的時候了，而你正氣得七竅生煙。

「誰有時間管這個？」你問自己。

「我才不管。」你自問自答，因為你喜歡這樣。

「不過，我擔心得要命。」你（對自己）說。

「萬一他掉到水溝裡去了，怎麼辦？」你繼續喃喃自語，語氣聽起來有點兒像你的媽媽。

你現在簡直就是一座即將噴發的維蘇威火山。你想像著孩子邁進家門的那一刻，你的憤怒就會爆發出來。你打算收回汽車鑰匙，取消給他買手機的計畫，六個月不准他外出，甚至當時就想更改無線網路的密碼。

晚上十一點五十二分，他拖著腳走進來。你（可以理解的）朝他大喊大叫，威脅他。他不滿的嘟噥了一句辯解的藉口，而後，頭也不回朝自己的房間走去。你萬分沮喪，筋疲力竭，所以也去睡了。可是第二天早上醒來，你發現自己太累了，根本沒有精神去兌現前一天晚上那些曾經在腦子裡設想的懲罰措施。

聽起來很熟悉吧？

每一位父母肯定明白一件事，那就是，青少年會犯錯。可是話說回來，父母也會犯錯。有時我們讓自己的情緒占了上風，於是在氣頭上我們會大發雷霆，把事情做過了頭。有時我們非常難受，厭倦了「父母管教青少年」的工作，以致於我們會感到絕望，不能堅持到底。

這一切我都明白，我自己當然有過因為過度發火而深感內疚的經歷。因此，不管是因為孩子考試不合格（體育課？怎麼可能！）讓你火冒三丈，還是因為他們借了你的車之後把裡面弄得烏煙瘴氣，讓你忍無可忍，你都需要一個新的方法來對付這些令人沮喪的（可是完全在預料之中的）矛盾抗爭。

注意！一個簡單的策略就能從根本上改變你們之間的關係，改變你的家庭現狀，並且還能讓你保持頭腦清醒：家規[5]。

聽起來是不是令人生畏或者有點教條主義的味道？不要害怕。建立家規只是拼湊一份文件，詳細說明家庭的價值觀以及你對孩子的期待。如果青少年想擁有特權[6]，比如晚點回家、使用家裡的車輛或者手機的權利，他們就得遵守家規。

家規非常有效，因為有了家規，你就能排除壓力和情緒的干擾，理智的執行懲罰措施。因為青少年事先同意了這些條款，所以他們知道，如果他們犯了錯[7]，他們只能怪自己。

如果你正在與青少年進行著令人沮喪的權力之爭，如果你已經厭倦了大喊大叫，如果你討厭無力的說教，你應該嘗試一下家規。下面我就教你如何開始。

你的目標

訂立並遵守精心設計的、界定明確的家規。之後，不管你是否在場，家規都能幫助青少年做出明智的決定。

5 什麼？一份家規就能搞定一切？這是哪種巫術？

6 《韋氏大詞典》把這個詞定義為「特殊的權力和優勢」。

7 「如果」他們犯了錯？開什麼玩笑啊？「什麼時候」犯錯還差不多。

會發生什麼

‧要在心平氣和而不是爭吵的時候訂立家規

大吵大鬧五分鐘之後，不是坐下來平靜、理性的討論希望、夢想、規矩、後果的時候。如果想要時刻保持冷靜，那麼你和青少年都需要有個冷靜的頭腦。

如果你和青少年坐下來討論家規卻失敗了，不必驚慌。相反的，說些類似這樣的話，讓他們選擇：「看來，這似乎是我們做這件事的最佳時機。所以，我們有兩個選擇：要嘛我們今天克服困難把它弄完，要嘛推遲到明天。我把這個選擇權交給你，但是這件事我們遲早要做。你更喜歡哪一個選擇？」

‧家規必須寫在一起

家規的妙處在於，它是在雙方對常見的做事方式達成一致意見的基礎上發揮作用的。這裡的關鍵是「達成一致意見」。這應該是你和青少年之間一次很有成效的談話。

‧你得刻意促成此事

信不信由你，時間常常是訂立家規最大的障礙。想想，又是上學、又是體育運動、又是社交活動，青少年可能比你還忙。對他來說，坐下來參加家庭會議聽起來就像鏟狗屎一樣，毫無吸引力。

所以，盡量讓這個會議有趣些。你們可以在自己最喜歡的餐館裡推敲研究家規，或者把它安插在兩件有趣的事中間（比方說吃冰淇淋和購物之間）。但是不管你怎麼做，一定要把它列入排程，並且確保沒得商量。這是重要的事情。

你是不是擔心青少年可能會反對開家庭會議呢？說實話，他可能會。為了消除孩子的壓力，你可以嘗試說些類似這樣的話：

「聽著，我知道你不想讓我一直嘮叨你，而且我也不想那麼做。我有一個主意，能幫助你做更多你想做的事，同時還能確保你完成自己必須做的事。讓我們坐下來，研究一些對你來說很重要、很有趣的事吧。然後，我會告訴你怎麼才能做到這些事情。相信在此之後，我們都能知道對彼此的期待在哪裡了。」

怎麼辦

一、**仔細讀一讀以下的家規範本**。我已經擬定一個大體的框架幫你起個頭，當然，這關係到你的家庭和你的孩子，因此按你們的需要修改這個家規範本，把它變成你自己的家規。

二、**問問孩子想要什麼特權，仔細聆聽並且認真與他們協商**。制定家規前，首先要問問青少年想把什麼特權納入家規。先仔細聽，不要做任何反應，即使你認為孩子的要求很荒謬。記住，青少年一天天走向成熟，你得讓他擁有特權和自由，因為這樣能幫助他變得獨立自主，能增強他的自我管理能力。

一旦青少年和你分享了他的要求，就到了協商的時候了。青少年可能想要每天凌晨三點後再回家，但是，那並不意味著你必須把這個要求寫進合約。制定家規需要協商解決，但是在不能協商的事情上，你要保持堅定的立場。畢竟，你是父母。

三、**擬定規矩和懲罰措施**。現在輪到你了，花幾分鐘，仔細讀讀你為青少年制定的規矩，以及如果不遵守規矩他們將失去的特權。確保懲罰和過錯相當。記住，這是一張路線圖，它會明確告訴青少年，為了贏得想要的特權和自由，他們需要做什麼。

四、**寫下家規並且讓所有相關的人都在上面簽名**。寫出家規並且全家一起簽署。對於街頭巷尾買賣舊貨的場合來說，有個口頭合約就可以了。但是，對於像家規這麼重要的事來說，一定要清楚完整的寫出來。如果將來有疑問或不同意見時，你只需要拿出白紙黑字的家規，根本用不著為了你覺得自己說了什麼或者孩子覺得你的話意味著什麼而爭論。簽署家規意味著每個參與者都同意這些條款。

注意：如果你和前夫或前妻共同監護孩子，你得設法和對方商定一套規矩、特權、懲罰措施。不管青少年在哪個家裡都要遵守這套家規。這種一致性對包括青少年在內的有關各方都有好處。

五、堅定執行。家規最關鍵的部分是堅定執行。幸運的是，提前寫好、訂好的成文家規，執行起來會容易很多。如果青少年違反了家規，白紙黑字就在那裡，它會明明白白告訴你該怎麼做。經常跟孩子提提家規，這樣到了執行懲罰措施的時候，只需要簡單提醒（並且把家規拿給他看）他同意了什麼，以及為什麼他將失去一項特權。你也可以提醒他，為了贏回那項特權他需要做什麼。這麼做真正的好處在於，你不用再當那個「壞蛋」了。

做為成人，你必須遵守規矩，就像你期待青少年遵守規矩一樣。不能僅僅因為你很生氣就增加額外的懲罰，這不公平。用訂好的家規來說話，同時，仁慈而堅定的提醒青少年，這是我們一致達成的條款。

警告：有時候青少年會對你很不滿意。當孩子違反了約定，即將失去特權的時候，即使你是在確切執行家規，青少年仍然會不高興。你要預料到孩子可能會反抗，不過你只需記住，不管他如何生氣，理智會告訴他，你是對的。

家規範本

這是一份家規的範本，在此基礎上你可以發展你的家規。按照你的需要隨意編輯這些規矩，把它變成屬於你自己的東西，這樣它才能為你和孩子效力。

特權

汽車或其他交通工具

我有權使用家裡的汽車，可以開車去朋友家、學校或者其他我需要去或者想要去的地方，我也可以讓父母開車帶我去（只要他們不忙而且不播放令人尷尬的音樂）。

現金

我的零用錢是每週＿＿＿＿元，用於各種開銷。如果我想得到更多的錢，我可以請求父母讓我在家裡多做點事，或者去找一份合適的兼職工作。

宵禁

週末我會在＿＿＿＿點之前回家，平日我會在＿＿＿＿點之前回家。

3C產品：電腦、平板、手機、無線網路

我的父母有無比開闊的心胸，允許我酌情使用電腦、平板、手機、無線網路等產品。我知道這是一項特殊待遇，而不是一項受法律保護、不可剝奪的權利。

其他特權（和孩子協商）：＿＿＿＿＿＿＿＿

規矩

訂立家規的目的

有時父母的做法可能會使我難堪，不過，我知道在這個世界上他們最愛我。我懂得父母訂立這些規矩不是為了懲罰我，而是因為他們非常關心我，想幫助我變成一個令人尊重的成人。

簽名：＿＿＿＿＿＿＿＿

相互尊重

我承諾尊重我的家人，不對他們大喊大叫、不咒罵他們、不對他們說任何我不想在影音網站上被瘋狂傳播的話。即便在我們都很惱火，被對方氣得抓狂或者激烈爭論時，我們也要極力克制，而不能互相傷害。

簽名：＿＿＿＿＿＿＿＿

晚上準時回家

由於父母不想在溝渠裡發現我，或者得知我被外星人綁架了，週末我將在＿＿＿＿點之前，平時在＿＿＿＿點之前回家（踏進家門）。我會提前考慮可能會使我遲歸的各種情況。如果發生了什麼合理的可是卻不可預測的事情，我會及時告訴父母。

簽名：＿＿＿＿＿＿

協助家人

如果父母讓我幫忙，我會盡我所能。此外，我會主動幫父母做些事情，即使是不歸我管的事。因為一方面我想向他們表明我非常感激他們為我做的一切，另一方面這能證明我本質上是一個忍者，能夠面對任何挑戰。

簽名：＿＿＿＿＿＿

絕對誠實

我保證絕對不向父母撒謊，即使承認錯誤會讓我感到尷尬或害怕。雖然父母讀高中時的髮型看起來很可笑，可是他們不是笨蛋，他們一眼就知道我是否在撒謊。此外，我明白，如果我一旦感到不安全或者不舒服，我會立即給父母發約定好的訊息。父母會來接我，而且我想告訴他們多少，就告訴他們多少。我知道父母永遠不會因為我請求幫助而責備我。

簽名：＿＿＿＿＿＿

努力學習

因為將來我想擁有一份非常好的工作，而且，我不想一直住地下室。所以我知道父母希望我在學校的平均成績至少保持在＿＿分。為此，我保證努力學習，有需要的話尋求協助，不會因為一時的成績不理想而自暴自棄。我要努力學習，為自己的成就自豪，讓父母為我驕傲。

簽名：＿＿＿＿＿＿

使用3C產品

3C產品非常便利，能幫助我了解這個世界、聯繫朋友，甚至深夜訂購比薩。我知道，在這些設備上的言行會直接影響我的名譽以及未來，因此我保證負責的使用科技設備。在家裡，我保證＿＿＿＿＿＿＿＿。最後，我會有意識的培養自制能力，不讓3C產品干擾我的正常生活，特別是那些重要的關係和義務。

簽名：＿＿＿＿＿＿

不吸毒、不酗酒

因為我有自尊，所以我會對酒精和毒品說「不」，會對朋友和家人一起去做安全有趣的冒險說「是」。因為毒品和酒精會毀了我和我的將來，我拒絕接觸這些東西。父母不許我吸毒，不許我酗酒，他們不是想剝奪我的快樂時光，而是不想讓我惹官司，蹲監獄，最終被棄屍荒野。他們這樣做是為了讓我充分發揮自己的潛能，走向成功。

簽名：＿＿＿＿＿＿＿＿

和家人好好相處

儘管父母有時會蠻不講理，有時會令我非常尷尬，但是我知道他們愛我，想把最好的給我。我們之間的關係將延續我的一生。我承諾和家人好好相處，發現我們每個人最好的一面。

簽名：＿＿＿＿＿＿＿＿

其他規矩（和孩子協商）：＿＿＿＿＿＿＿＿＿＿＿＿＿＿＿＿

懲罰措施

我明白，如果我無視上面這些規矩中的任何一條，就會受到相應的懲罰。這不是因為我的父母心胸狹隘，而是因為他們想幫助我成為一個受人尊重的成人。

第一次違反家規：

我將失去一項特權＿＿＿＿（時間段）＿＿＿＿除非我＿＿＿＿（贏回特權的方式）＿＿＿＿。

再次違反了相同的家規：

我將失去兩項特權＿＿＿＿（時間段）＿＿＿＿除非我＿＿＿＿（贏回特權的方式）＿＿＿＿。

第三次違反了同樣的家規：

我將失去所有特權＿＿＿＿（時間段）＿＿＿＿除非我＿＿＿＿（贏回特權的方式）＿＿＿＿。

第四次違反了同樣的家規或者違法：

鑑於違規的嚴重性，以及可能會對我自己或者他人造成潛在的（或者迫在眉睫的）危害，為了整個家庭的利益，我們將一起向當地的心理健康專業人員尋求幫助。

我已經仔細閱讀了這份文件，並且同意上述的規矩和懲罰措施。我知道父母因為愛我而訂立了這些規矩，而且我也知道如果有任何問題，我應該和他們談談。

青少年簽名：＿＿＿＿＿＿

父母簽名：＿＿＿＿＿＿

如何改善與孩子的交流

挑戰

儘管青少年不停對父母翻白眼、嘆氣，似乎傳遞著強烈討厭父母的訊號，可是他們卻一次又一次的說，最想要的就是和父母有更多交流。孩子為什麼會這麼做呢？下面我教你一個簡單的技巧，能顯著改善你和青少年之間的交流。這並不複雜，只需要一本筆記本。

在這本筆記本裡，把你想跟對方說的話用寫便條和書信的方式表達出來。你可以按照我的提示來寫，也可以按自己的想法來寫。在這個過程中，你會發現自己能問很好的問題，能誠實應對，能深入思考。（希望如此！）因為某些原因，對父母和青少年來說，有些事大聲說出來很難，但在筆記本裡寫下來卻容易多了。

你的目標

精心設計一個能改善你與青少年之間交流溝通的有效管道。

會發生什麼

剛開始你們可能會覺得怪怪的。做為二十一世紀的成人，我們很少在紙上給彼此寫信。用手握著鵝毛筆寫信，這得花費點兒時間。而且，最初你可能並不清楚該寫些什麼。

這可能很難，但是做為父母你得完成這個任務。或許你可能已經養成了不跟孩子交流的習慣。我可以理解，你是個成人，而且肩負無數責任。當你寫信的時候，你的心思可能跑到其他需要你去做的兩百件事上。這是ＯＫ的。不過與孩子交流非常重要，你得特意去努力。

回想一下前面提到的基督教青年會對於青少年和父母的調查，青少年真正、真實的想與自己的父母更親近一些。但是，這個願望絕對不會魔術般自動發生。我們需要向前邁出一步，開闢一些有助於改善父母與子女之間的關係、促進彼此溝通的管道，這樣我們才能把自己的任務完成得更好。

怎麼辦

一、**買一本筆記本**。可以是細橫線的那種，也可以是沒有橫線的，可以是有花式封面的，也可以是一個幾百頁、寬橫線的、簡單的作文本。只要你喜歡就行。款式並不重要，重要的是裡邊寫的東西。

二、**給青少年寫一個開篇便條**。便條上說明這本筆記本的目的及用途（可以參考下面的便條範本），然後從本節最後的清單中選擇你想討論的問題。記著，筆記本是一扇你和孩子進行交流的大門，是用來問好問題的，而不是用來責罵、訓斥青少年的，也不是用來表達對孩子的強烈不滿的。它是用來互相傾訴、建立聯繫的。

三、**把這本筆記本放在青少年的床上**。如果床上一團亂，也可以放在一個比較明顯的地方，上面貼個紙條，寫上[8]：

To：＿＿＿＿＿＿ From：＿＿＿＿＿＿（媽媽／爸爸／其他看護人）。

---

8 如果你是個超級時尚的人，紙條上可以寫：「喂，讀一下這玩意兒。」

為父母準備的便條範本

親愛的＿＿＿＿＿＿：

前幾天有人問我，當爸爸最美好的感受是什麼？這個問題對我來說很容易。當爸爸最美好的感受是有你這樣的孩子。我非常感激上蒼讓我成了你的爸爸，這感覺就像坐在貴賓席看精采演出。你不只是我最喜愛的孩子，你還是我最愛的人。

我知道今後幾年的高中生活或許會充滿挑戰。前幾天我看到一些統計報告，上面說現在的青少年每天和父母談話不到十二分鐘。我當時想了好一會兒，心裡特別難受。

我也知道，維護關係需要雙方共同的努力。我認識的許多父母都說他們和孩子不能好好交流溝通。你知道，在我成長的過程中，我和父母的關係馬馬虎虎。雖然算得上還可以，但是我不想我們之間也那樣，我想努力做得比「馬馬虎虎」再好一些。

我也知道，有時候把話寫下來比說出來容易一些。至少對我來說，容易一些。

這就是我買這本筆記本的原因。

這是我們的筆記本，用來給彼此寫信。

這個筆記本該怎麼用呢？我會在裡面給你寫便條，然後我會把筆記本放在你的枕頭上。在便條的末尾我會問你一個問題，可能是我想從你那裡知道的事，也可能是我覺得有趣的一些事，或者是一些我一直想知道的事。比方說，我可能會問你：
你最喜歡哪部電影？為什麼？
說說對你非常重要的一首歌，為什麼它對你如此重要？
你最珍貴的東西是什麼？
你童年時代最美好的回憶是什麼？
你現在最擔憂什麼？
你經歷過的最難的事情是什麼？
然後你可以給我回覆，也可以和我分享你想分享的任何事。在便條的最後，你也可以問我一些問題，然後把筆記本放在我的枕頭上。
我們將來來回回這麼做，我覺得這能幫助我們更好的交流。
還有，我想讓你知道，我愛你。

筆記本開篇問題範本

給父母或者青少年的問題

- 如果用一個詞來形容每個人的特徵，你會用哪個詞？為什麼？

- 別人對你說過最刻薄的話是什麼？
- 如果能成為非常出名的運動員、演員、作家或音樂家，你會選擇成為誰？為什麼？
- 如果你能隱形，你會去哪裡？你會做什麼？
- 如果讓你把自己聽過最好聽的歌曲做一個播放清單，你會選擇哪些歌曲？
- 你聽過的最好聽的歌是哪首？為什麼？
- 對於一個老闆來說，最重要的素質是什麼？
- 如果你能預知未來的一件事情，你最想知道什麼？
- 你認為我們國家現在面臨的最大問題是什麼？為什麼？
- 你曾經去過的最美麗的地方（從地理地貌上說）是哪裡？
- 誰是你碰到過的最糟糕的老師？他怎麼讓你不爽了？
- 讀一下今天的頭條新聞，你覺得最讓你惱火或者最讓你困惑的新聞是什麼？

青少年問父母的問題

- 小時候你碰到的最難的事情是什麼？
- 小時候最讓你難忘的時刻是什麼？
- 像我這麼大時，你最好的朋友是誰？你們在一起做什麼？為什麼你們是好朋友？

- 像我這麼大時，你做過什麼愚蠢的事情嗎？你從中學到了什麼？
- 你有什麼遺憾嗎？你希望能在生活中重做什麼事嗎？
- 像我這麼大時，你和你媽媽的關係怎麼樣？
- 像我這麼大時，你和你媽媽在一起最美好的回憶是什麼？
- 像我這麼大時，你和你爸爸的關係怎麼樣？
- 像我這麼大時，你和你爸爸在一起最美好的回憶是什麼？
- 你覺得和你成長的時代相比，現在的青少年在哪些方面更辛苦？
- 像我這麼大時，你感到過孤獨嗎？感受過被人冷落嗎？你當時是怎麼做的？

父母問青少年的問題

- 你最喜歡哪個老師？為什麼這麼喜歡？
- 你喜歡自己的哪一方面？
- 你人生最早的記憶是什麼？
- 現在，你覺得什麼事最難？
- 現在，你最擔心什麼？（一定要誠實！）
- 有壓力或者感到心煩的時候，你會做什麼來緩解一下？

• 說說你最生氣的時候，當時怎麼了？現在回頭想想，你覺得自己當時為什麼那麼生氣？事情最終怎麼樣了？

• 說說你最害怕的時候，當時怎麼了？現在回頭想想，你覺得自己當時為什麼那麼害怕？事情最終怎麼樣了？

• 有人說過什麼話讓你特別感動嗎？

• 你現在最好的朋友是誰？為什麼他是你最好的朋友？

艱難且令人尷尬的談話

畫面漸顯：室外，傍晚，一棟位於郊區的普通房子。

畫面溶至：房子的內部，珊曼莎的臥室。

珊曼莎是個十五歲的女孩，此刻正坐在床上的條紋被子上，在她面前攤開著一本化學書和一本筆記。她一隻手扶在實驗筆記本上，另一隻手擺弄著一支鉛筆。她戴著耳機，正聽著音樂。

畫面溶至：室內，樓梯井。

安德魯，四十二歲，頭髮花白，他是珊曼莎的爸爸。他在樓梯上停了下來，看起來有點不舒服，用手抓住欄杆，直不起腰來。咳嗽，嘆息了幾聲之後，他抬起頭，用手擦了擦額頭上的汗。然後，他吃力的爬上了樓梯頂端的最後三級台階，站在了女兒臥室的門外。他鼓起勇氣敲了敲門。

畫面溶至：珊曼莎臥室裡。

安德魯：嗨，寶貝。

珊曼莎：（摘掉耳機，表情有點困惑）嗨，爸爸……

安德魯：（不安的坐在床邊，翹起二郎腿，一會兒放下二郎腿，一會兒又翹起來）聽著，嗯，我有點兒事，需要和你談談。

珊曼莎：（注意到爸爸緊張不安的情緒）爸爸，你還好嗎？

安德魯：（幾乎要哭出來）不好。（發覺自己講錯了話，突然住嘴）一切都好。你知道，寶貝，事情正在……嗯，改變。（他像總統候選人一樣笨拙的搓著手）

珊曼莎：（變得困惑了）什麼事情正在改變？

安德魯：你知道，每個年輕女人的生命裡，總有那麼一個時候……當……事情……

珊曼莎：（疑惑的看著她的爸爸）

安德魯：（改變了策略）花兒最終會綻放……

珊曼莎：嗯？

安德魯：……但是不要太早，因為，過早綻放的話，有霜凍，會凍死的。

珊曼莎：呃……

安德魯：性！性……這種事，你需要知道……

珊曼莎：（她知道爸爸想說什麼了）哦，我的天哪。

安德魯：（呼吸有些沉重，好像非常痛苦）

珊曼莎：你現在就是要和我談論性嗎？

安德魯：是的，你早該弄清楚了。

珊曼莎：這就是你說的正在發生的事，對嗎？

安德魯：（站起來，走到化妝台前）你知道，珊曼莎，當一個男人和一個女人相愛的時候，有一種特別的擁抱……

珊曼莎：我的天啊。

安德魯：就像你媽媽和我。

珊曼莎：不，求你了，不要說了。

安德魯：可能你有疑惑，關於……（停了一下，想強迫自己說出來）性交！

珊曼莎：你在用我的豆豆娃做道具嗎？

安德魯：（這時才覺察到自己心不在焉的拿起了兩個豆豆娃，聽到女兒的話，趕快把它們扔下了）不！

珊曼莎：我覺得這兩個豆豆娃以後不能繼續待在我的房間裡了。

安德魯：還有，保險套有時會不起作用，你哥哥的事就是一個例證。

珊曼莎：（驚呆了）我、我……不需要知道這些東西。

安德魯：（恍然大悟）我有些書！這些是從圖書館借來的，還有這個光碟。

珊曼莎：這是公視發行的。

安德魯：對，非常有教育意義。

珊曼莎：我不敢相信我現在要談這些……

安德魯：啊，好吧！那麼，我認為我們的談話進行得很好。我會把這些……資料留給你。不過，最好等到你結婚之後再……

珊曼莎：好吧。

安德魯：好吧，嗯，多好的談話。那麼，我再重述一下，性和……嗯，性欲方面的事。我們一會兒見，我愛你。

珊曼莎：我……

安德魯：對了，能在這張紙上簽一下名嗎？這樣我就能夠讓你媽媽知道，我們確實談過這次話了。

珊曼莎：（在那張紙上簽名）趕緊走吧。

安德魯：（自信滿滿的）好吧，我想我們兩個都覺得這次談話非常有效，我們永遠也不需要再談論這個話題了。永遠。

珊曼莎：同意。

安德魯：（向門口走去）好吧……嗯，再見。（匆匆打開門走出去，關上門）

畫面溶至：房子裡面，走廊

安德魯：（靠著門，鬆了一口氣）

旁白：總有一天，做為父母的你需要和青少年進行一次艱難且令人尷尬的談話。這部分內容將幫助你控制這些話題，這樣，你就不需要像安德魯那樣做了。

安德魯：（露出了笑容，沿著走廊邁步走去）搞定了！

如何與孩子談論性

特別感謝亞蘇沙太平洋大學「家庭倫理（HomeWord）青少年及家庭中心」的執行董事吉姆．伯恩斯博士，他就該議題的一些細節提供了諮詢意見。

挑戰

當被問到「你跟孩子關於性的對話有多健康，多開放？」時，父母的回答大同小異：「哦，我們談得挺好的。這個話題我們已經談過了。我家孩子很清楚我是什麼看法。」而幾乎所有青少年的回答卻是：「這是個禁忌話題，我們幾乎從來不去碰它。」

問題的癥結在於：在性的話題方面，青少年想得到並且需要成年人的引導，而成年人往往閉口不談。通常是因為這些成年人自己還處於青春期時，沒有人對他們示範過該如何處理這種事情。

還有一個原因，那就是宗教信仰。

雖然性是一個讓人極為尷尬的話題，但是青春期的孩子對自己的性欲充滿了困惑，所以極其渴望了解這方面的知識。如果成年人不加以引導的話，他們就會從網路、大眾文化、媒體、朋友這些不可靠的資訊來源去尋求指導。

你的目標

在這個讓青少年困惑又矛盾的性欲問題上，幫助他們釐清界限和情境脈絡。

會發生什麼

進行「這樣的對話」事不宜遲。開始跟你的孩子探討性的話題永不嫌早，但是理想的年紀通常是十到十一歲左右。這個年齡段的孩子受社會和同伴的影響較少。他們對性的了解不是很多，不會為此感到難為情，也不知道這是一個禁忌話題。但是一旦進入青春期，他們的想法就會發生變化，為自己的身體（發育）而感到尷尬的可能性會大大增加。等到他們讀高中時，他們就已經完全融入了我們與性高度相關的文化之中，身心開始快速發展，並且會從家庭之外尋找

（與性相關的）資訊和資源。

養育兒女的過程中，人們談論得最多卻又最神祕莫測的話題，就是關於進行那次可怕的談話。不過這樣的談話可不是一次，而是多次。只跟孩子談一次可不行。一次配有圖表的八到十四分鐘的說教所包含的資訊，是無法讓你的孩子安全度過青春期的。幾乎所有青少年都表示，他們希望就性的話題能夠與父母進行更多持續性的談話。

要明白，與性相關的問題其實也是兩性關係的問題。不要將性欲和性行為與各種感情關係割裂開來。當青少年向成人過渡時，他們對於這個話題有無盡的好奇心，例如：你是怎樣跟異性打交道的？健康的兩性關係是什麼樣子的？我應該關注什麼？有什麼健康兩性關係的範例嗎？健康的兩性關係中最重要的方面有哪些？就這些問題跟孩子進行探討。

因為家庭之外存在大量的虛假資訊，所以青少年的頭腦中會有很多的困惑，卻沒有安全可靠的人或場所可以諮詢這些問題。性的話題很重要，你必須想辦法開始跟孩子探討這個話題。

提醒你一下：你孩子的問題經常是非常具體的，這有可能會讓你感到難為情。比如，在最近的一次調查中，每十個男生中就有八個說他們想討論手淫的話題，但不要這麼具體。在本節末尾有一張專供你使用的談話準備表，上面有青少年常問到的，有關性的十六個問題。在你與孩子開始這些對話之前，你需要準備好這些問題的答案。

怎麼辦

一、**以青少年的問題為重心**。你現在的目標是開啟並維持一次對話（而不是獨白）。你很可能會說教並唱獨角戲，因為這個話題實在是太讓人尷尬了。你必須要抗衡這種傾向，因為當成年人開始說教並且談話變成一邊倒的時候，青少年就不愛聽了。孩子是有問題要問的。要聽孩子講，你自己也要提問題，這樣才能解答他們的問題和關心的事情。

二、**用他人的例子啟發智慧**。一些青少年不願意討論性的話題，因為這個話題涉及到他們自己和父母之間的關係。但是他們卻極為樂意討論其他人。他們喜歡討論他們的朋友，而且特別熱衷於討論媒體報導中的人物。這些人對他們來說不是利益攸關的，這種心理上的距離使得這些對象成為最安全的例子。試著問這些問題：你在學校裡能看到哪些不同的關係呢？學校裡有人在約會嗎？你聽過人們談論發生性關係嗎？你怎麼看呢？你在電視上看到過那樣的事嗎？那則新聞報導怎麼樣呢？當時你是怎麼想的呢？

三、**注意你的語氣和情緒**。要記住，你堅定的觀點會淹沒孩子的聲音。我們清楚這是一個會引發強烈情緒的話題，而且父母有權利說明他們的感受，有義務闡述他們在這個話題上最重要的觀念。但是你必須（必須！）要注意自己的口吻。當你開始與孩子談論性行為的時候，很可能會發現他在這個重要的問題上與你的一些看法或者價值觀不同。這有可能會導致父母帶著情緒反駁孩子。這時要注意了。你不能強迫你的孩子去相信和接受你的價值觀。如果你的口吻很嚴厲或者帶有羞辱的味道，你將會失去對孩子的影響力，那樣你只能採取其他的策略了。

四、給他們指出一條通往美和健康的途徑。你知道，當性欲被濫用時，會對一個人產生巨大的傷害。因此，關於性的談話，有時候可能造成絕對消極的影響。但是青少年也應該知道性欲帶來的好處。可以談論人類性欲的一些美好且重要的東西，以及因性欲而出現的好事物。我們一生下來就與性有關，我們一生都離不開性。幫助青少年將他們這方面的生活安排至一個健康的環境當中，是非常重要的。

五、承認弱點，但不要過度分享。你可能會納悶，「跟孩子分享自己在性方面的經歷，這個分寸該怎麼把握？」要確保把重點放在你的孩子身上，放在讓他做出健康明智決定的願望上面，即使你以前沒有這樣嘗試過。設想一下自己還是個青少年時，會希望別人怎麼告訴你性欲以及性行為的事情呢？如果你不願提及自己以前的性生活，不妨這樣說：「在這些事情上，我想讓你做出比我當初更明智的決定。」

青少年調查表

以下是現實生活中青少年經常問到與性有關的問題，所以很可能也是你孩子會有的疑惑。

步驟1：仔細思考這些問題，在你跟孩子談話之前，要確定你對每一個問題持什麼樣的觀點和價值觀念。

1 怎麼樣算是越界踰矩？
2 什麼時候可以發生性關係？在什麼年齡？你怎麼知道呢？
3 在父母不知情的情況下可以口服避孕藥嗎？
4 已婚人士通常多久性交一次？
5 可以口交嗎？
6 女孩怎麼手淫？
7 男孩怎麼手淫？
8 男孩幾歲時會有第一次勃起？
9 女孩什麼時候最有可能懷孕？口服避孕藥貴嗎？口服避孕藥危險嗎？
10 舉例說明性傳染病。人怎麼會患上性病的？
11 我害怕愛滋病，我怎樣才能夠遠離愛滋病？
12 如果你進行口交，那你還是處女嗎？
13 如果一個人對別人有強烈的性欲該怎麼辦？你會怎麼辦？

14 如果一個人受到性虐待，還沒有告訴任何人，那他該怎麼辦？

15 婚前性行為是否不道德或者錯誤？

16 墮胎是否不道德或者錯誤？如果你認識墮過胎的人，你會怎麼看待她？

步驟2：替你的孩子複製以上的問卷調查表，最好是印出來，讓他們在最想問、最感興趣的問題上畫圈。並告訴他：「放心，我不會對你加以評論，而且我會對此保密，只有我們兩個人知道。」

現在要做什麼

既然你的孩子已經接受了這次調查，那麼接下來你們就要圍繞性的話題進行一次極尷尬卻又極重要的談話了。

準備。看一下孩子圈起來的問題。這是一次你事先已知問題的測試。首先，回想一下你十四歲時的情景。關鍵是要把同理心（「我理解你現在的處境」）與看問題的角度（「這是我希望當初有人告訴我的」）結合起來。你的孩子不需要（也不想要！）細節，他們只希望你能把你目前的性價值觀念是怎麼樣形成的，對他們坦誠告知。

挑一個對你有利的時間和地點。利用你和孩子兩個人在車裡的十五分鐘或更多的時間來聊這個話題。在車裡進行尷尬的談話可以做到一箭三鵰：談話隨意，不需要視線接觸，在時速六十五英里的車裡面談話不會被別人聽到。

第一次談話時，只回答孩子圈選問題的其中一個。目的是要讓這次短暫的聊天順利完成，以便你的孩子不會堅決抗拒與你再次談論這樣的話題。所以，你的目標就是一個問題，一次勝利，就此打住。你可能還想繼續談下去；你想解決所有圈起來的問題。不要這樣做。享受這次小小的勝利吧，你要知道你已獲准下次繼續聊。

如何與孩子談論死亡

特別感謝北卡羅萊納州立大學青少年家庭和社區科學系副教授金伯利·艾倫博士，他就該議題的一些細節提供了諮詢意見。

挑戰

應對死亡，特別是突然或悲慘的死亡，是我希望你和青春期孩子永遠不必面對的事。不幸的是，你們很可能要面對。你的孩子直到高中畢業都沒參加過一次葬禮，幾乎是不可能的。

就在我寫下這些文字的時候，一位朋友發了一則訊息給我：他孩子同學的爸爸突然去世了，讓人十分震驚。兩個孩子和他們的媽媽每天都生活在悲痛中，不得不面對親人已經逝去的殘酷現實。女兒一直在餐桌旁為爸爸保留著一個位置。那個空蕩蕩的座位給全家人帶來的痛苦是我無法想像的。

通常，面對這種事情帶來巨大的情感傷痛，即使是那些最堅強的成年人，都感到無能為力、束手無策。這裡提供一些不錯的做法，希望不僅能夠幫助你的孩子，也能幫助你度過難關。

你的目標

幫助你的孩子盡可能懷抱同情與體恤之心，順利度過這段悲傷的日子。

會發生什麼

一、**沒有所謂正常的事情**。前段時間，我所在的高中有一名學生不幸死亡。我們學校的全體教師對學生都是極有愛心的。但事情發生後，他們在如何善盡教師職責方面產生了意見分歧。一些教師建議一切照常：「我們的孩子需要我們一如既往，值得信賴。這會讓他們感覺到生活將會回歸正常，並不是一切都在變。」

其他老師則覺得有些孩子一定做不到這一點，他們想暫停講課，給學生時間談一談此事，表達悲傷。我想強調的是，抱持這兩種不同觀念的老師都是對的，孩子處理悲傷的方法不止一種，一些孩子需要學習正常進行，而另一些孩子根本做不到這一點。一些孩子想立刻談這件事，而另一些孩子情緒反應慢，過一兩週後才會覺得難過。應該問問你的孩子覺得自己需要什麼。記住，方法沒有對錯之分。

二、**無助感**。面對死亡最糟糕的是心理失控的感覺，這對你和孩子來說都是自然的。你的目標就是幫助孩子面對這種無助感，並給他們力量。你要幫助他們明白，天是不會塌下來的。

三、**潛在的情緒波動**。把孩子想像成一個氣球。死亡事件帶來無法想像的壓力以及由此引發的種種情感，可能會使孩子內心充滿負面的情緒，以致於超出了他們所能承受的極限。我們的身體無法承受這麼大的壓力。有時候一些青少年會突然崩潰，外在表現為做出一些可笑粗魯的行為，其實有可能是悲傷過度和心理壓力過大的結果。此時做為成年人，你只需要表達你最和藹、最有耐心、最有愛心的一面。

四、**你回答不了的問題**。如果不幸事件已經發生，比如孩子班上的同學突然離世，你的孩子就會拚命尋找悲劇發生的原因。你可能也會這麼做。然而不幸的是，這些答案幾乎從來不會出現，而且尋找這些答案幾乎從來不會帶來讓人滿意的結果。有的時候，你只能說：「我不知道為什麼會發生這樣的事，但是我也很難過。」

怎麼辦

一、**確保自己隨叫隨到**。猶太人有一個古老的做法，叫做坐七。當有人去世後，他生前的朋友和親人會立刻趕到服喪者的家裡並且靜坐七天。這個儀式規定除非服喪者首先說話，你才能說話，目的是讓服喪者知道你在場而且願意陪他說話。在死亡事件發生之後，你能做的最好的事情就是坐七，確保自己隨叫隨到。這在有人剛剛去世之後尤其重要，一句「你可以隨時跟我談談」非常管用，之後，你要確保自己隨叫隨到。

二、**千萬不要教孩子怎樣表達悲傷**。許多出於好意的成年人會犯兩個錯誤。一個是建議孩子「盡量不要去想它」，這根本不管用。要是有人這樣跟你說，那就等於白說，不是嗎？另一個是成年人有時出於好意會迫使孩子開口說話，他們會說「說吧，你需要跟我聊一聊」。

當然，把心裡話說出來是非常好的，但在孩子還沒有準備好的情況下強迫他們講話，也可能是有害的。同樣，還是那句「你可以隨時跟我談談」會很有用。你可以隨時對孩子說這句話（或通過手機簡訊）來溫和的提醒他，只要他們願意，你隨叫隨到。

三、**注意孩子需要什麼**。因為每個青少年悲傷的過程大不相同，所以你要對孩子的需求體察入微。有些青少年需要獨處，有些青少年需要分散注意力。青少年常常對自己的需求有本能的直覺，但有時成年人必須把青少年說的話結合對他們的了解一起分析。他們可能需要請假，在家裡待上一陣子，但最終他們必須回歸正常生活。關鍵是要讓他們對你表露心聲。要確保自己隨時可以幫助他們做決定。換位思考一下：這種時候你會需要什麼，怎麼做才合乎情理。

四、幫助孩子通過自我講述來抒發悲傷。我們知道，悲傷和創傷會給人強烈的無助感。我們也知道，當青少年能夠講述發生了什麼以及該事對自己有什麼影響的時候，他們會感覺到自己有了更多的控制力，感覺更加安全。自我講述是人類抒發悲傷極重要的一種方式。從生理學角度來看，當青少年有能力處理發生的事情時，體內的壓力荷爾蒙就會被釋放出去，這就是諸如寫日記、聽音樂、繪畫等能夠真正起作用的原因。這些活動會讓青少年深入思考發生的事情以及他們受到的影響，並且讓他們將這些想法與他人分享。

五、注意危險訊號。下面一些跡象，表明你的孩子可能正在經歷巨大的考驗，並且有可能需要更多幫助才能度過這段時期。如果你發現了不好的徵兆，務必向有資格的諮詢師求助：

- 開始自我封閉，拒絕與人交流，甚至拒絕與朋友交流。
- 出現失眠的跡象。
- 長時間沉默或拒絕說話。
- 開始反覆說類似「我無法接受這事」的話。
- 在校表現出現明顯的異常。
- 使用消極的應對方法逃避現實（吸毒、酗酒等）。

如何說服孩子尋求幫助

特別感謝臨床心理學家、青少年專家傑里·威奇曼博士，他是一間充滿創新精神的兒童青少年諮詢治療中心「威奇曼診所」的創辦人，他就該議題的一些細節提供了諮詢意見。

挑戰

你說不出來的，可能會在行動中體現出來。諮詢師會幫助人們（特別是青少年）把心裡話講出來。他們也會幫助你認識你自己。對於青少年這個處於迅速變化中，複雜得有時連他們自己也認不清自己的一群而言，諮詢師簡直是上天的恩賜。

那麼，如何判斷孩子是否需要進行諮詢呢？有沒有什麼跡象能提示家長呢？簡短的回答：有。一九六七年，精神科醫生湯瑪斯·福爾摩斯和理查·拉里檢查了五千多名內科病患的病例，想確認給人們帶來精神壓力的人生事件是否會導致疾病。他們發現這樣的事件確實會導致疾病。福爾摩斯和拉里評估了一系列人生事件，並給每個事件賦予了「壓力值」：壓力愈大，分值愈高（1－100分）。以下是跟青少年相關的部分人生事件及對應的壓力值。

父母離婚（73），父母分居（65），家庭成員去世（63），嚴重的個人疾病（53），家庭成員重病（44），性功能障礙（39），父親或母親失業／重大的經濟變動（38），朋友去世（37），兄弟姐妹中有人離家出走（29），搬家（25），與老師或教練產生矛盾（23），轉學（20），社交圈變動（20）。

以上任何一件事（或者不幸同時有幾件事）發生在孩子身上，就會造成孩子的壓力值攀升，可能超過他們所能承受的極限。不過，判斷孩子是否需要諮詢專家，最終還是要依靠你的直覺。如果你覺察到孩子有什麼不對勁，趕快追問孩子並考慮向諮詢師求助。

諮詢師會幫助你處理你的痛苦。你對自己的評價會影響到你所做的選擇，而你的選擇又會影響你的未來。諮詢師會協助你更清楚認識自己和你自己的能力。我的諮詢師幫助我識破了我對自己的迷信；他們幫助我整理自己的過去，撫平我心靈的創傷。

正如我的朋友，作家及演說家喬恩·阿庫夫所說：「見諮詢師的最佳時機是在出問題之前。不要等到著火了，才去買煙霧警報器。」喬恩的建議太明智了。

你的目標

打消「諮詢是恥辱的」這種成見，說服你的孩子嘗試諮詢。

會發生什麼

一、**將諮詢視為恥辱的成見**。對許多青少年來說，當你提議「我覺得你不妨去做一下諮詢」，在他們聽來簡直就是「我覺得你是個有毛病、讓人討厭的人」。

青少年的內心本來就充滿了忐忑和恐懼，諮詢的話題更會讓他們覺得羞恥。暢銷書作者，休士頓大學社會工作研究所教授布琳．布朗博士這樣描述羞恥的心理：「我身上是不是有什麼見不得人的東西啊，如果別人知道了或看到了，我這個人就不值得交往了？」如果你打算幫助你的孩子，那麼在勸導孩子接受諮詢的時候，你就應該特別注意這種情感的陷阱。

二、**反抗**。青少年知道接受諮詢就意味著要剖析他們自己和他們以前的經歷，這些通常涉及他們不願面對或想不通的痛苦經歷或者性格缺點。某種程度上相當於自揭傷疤，這實在是太可怕了，結果大多數青少年會選擇逃之夭夭。做為家長，你要給孩子做示範，坦言自己也有弱點，並用同情心來引導孩子，這樣他才不會「抗拒」到底。

怎麼辦

一、**拋棄羞恥感**。我們必須心悅誠服的接受這個事實：地球上的任何一個人都不完美，包括我自己。我們所有人都有缺陷，關鍵是你如何面對自己的缺陷。

幫助孩子克服恥辱感的一個好辦法，就是坦言你自己也需要他人的幫助。如果你曾經做過諮詢，就用自己的例子來引導孩子。你不妨這樣說：「諮詢不是為軟弱的人準備的。它是專門為那些誠實並且勇敢的人準備的，因為去諮詢意味著『我真的想理解這一點，我覺得自己需要有人引導來弄懂它』。」

二、**找到一位跟孩子合得來的諮詢師**。孩子能否與諮詢師和睦相處是很重要的一點。遺憾的是，現在還沒有一種計算程式能幫助孩子找到一名完全適合他們的諮詢師。有些諮詢師可能非常合適你的孩子，而有些諮詢師則不合適。但即使不合適，對那位諮詢師來說也並非一個打擊。有些青少年需要諮詢師有同情心，有些青少年需要被人推著往前走，還有一些青少年則希望獲得清晰的策略。

在尋找諮詢師的過程當中，確保你向孩子清楚傳達了這兩個要點：

- 你和我一起尋找一名諮詢師。這是我們的最終目標。
- 你（指青少年）將有完全的否決權，我不會問任何問題。

嚴格遵循這兩個要點有助於諮詢順利進行，因為這使孩子擁有很強的權力感和自我行動意識。考慮與諮詢師預約一次介紹性的諮詢，目的只有一個：看看你的孩子能否與諮詢師合得來並且信任他。

三、**從一開始就設定健康的期望**。頭幾週的諮詢可能會讓人覺得糟糕透頂。你離開時的感覺比你諮詢前感覺還要糟。就像你健身之後，常常感覺渾身疼痛，對嗎？這是好事，因為疼痛表明密集的鍛鍊正在使你的肌肉變得強壯。諮詢也是一樣的道理，這種疼痛（情緒上的）表明諮詢正在起作用。你最好事先和孩子說明，諮詢需要一個過程，這樣當他們諮詢結束後感覺更糟糕的時候，他們就會知道自己實際上正在取得進步。

四、**讓孩子自己去一次**。記住，你的目標不只是讓孩子接受諮詢，你的目標是讓孩子自願主動去諮詢。你必須讓孩子自己去一次，這樣他們就不會覺得他們是在被迫做自己不喜歡做的事情。你可以這樣說：「現在我們已經找到了這位諮詢師，大家都說這個人很棒。我想跟你做個約定，你嘗試跟某某博士做五次諮詢，就五次，如果五次諮詢之後你覺得沒有任何價值，你就可以跟我說要退出。沒有問題。我不會再強迫你或者讓你為難。」讓他們自己去一次，可能會激勵他們主動連續去尋求諮詢。

挑選諮詢師

一、**確保他是領有執照的諮詢師**。心理健康專業人員跟醫師的情況很相似，在美國都是由州政府委員會負責管理。為了取得執照，一名諮詢師必須在正規大學接受正規教育並且有數百上千小時的實習和行醫紀錄。你有可能會碰到以下四類主要的專業諮詢人員。

心理學家：擁有心理學博士學位，並且在研究人類行為以及治療技術方面接受過至少四年的研究生訓練。除了負責治療以外，他們擅長心理測試和評估的實施以及進行心理學研究。

精神病專家：擁有醫學博士學位，要完成醫學院的學習，並且有三到五年的精神科住院醫師實習經歷。他們有能力評估具體精神疾病是否需要用藥，並且具有開具處方資格。

社會工作者：擁有社會工作碩士學位，需要接受兩年的教育和培訓。社會工作者不同於其他諮詢專業人員的一點，是他們的知識面要覆蓋社會支援系統、組織、團體，以及這一切對個人心理健康的影響。

諮詢師：在特定領域接受過專門訓練，可能擁有諮詢相關領域的高等學位，比如心理健康諮詢或心理學碩士學位。他們往往處理非常具體的問題，比如酗酒或者職業選擇。

二、**找一位擅長處理青少年問題的諮詢師**。你必須找一位擅長與青少年打交道的諮詢師，這一點很重要。因為青少年大腦的機能與成年人大腦截然不同。你的孩子也需要一位跟青少年相處時間夠長，並了解這個年齡段孩子的共同問題和壓力的諮詢師。在挑選諮詢師的過程中，可以問對方這樣的問題：你的訪客中青少年占多大比例？你跟青少年打交道多久了？

三、**讓你的孩子參與進來**。諮詢最重要的一個方面，就是你的孩子與該治療專家之間的治療關係。通常，你最多只有一到兩次機會幫孩子找他們會喜歡並且願意再次接觸的治療專家。所以，開始尋找之前便要知道，你並沒有很多重新選擇的機會。而且（我們知道你可能不想聽）不要為了省錢而錯失良機。

找到一個懂得合適青少年方法的人（理想的情況是諮詢師看起來還比較年輕）。如果孩子感覺諮詢的體驗很棒，或者覺得那個人「懂」他們，你就會想讓孩子繼續諮詢下去。這時，你可以問孩子這樣的問題：你對他印象怎麼樣啊？你覺得他懂你嗎？你覺得他能幫到你嗎？

普遍的難題

不幸的是，心理健康治療是醫療保險中補貼最少的一種，特別是一對一的諮詢。如果沒有這筆預算的話，以下是一些可能會對你有所幫助的方法：

- 確認你是否可以享受醫療保健計畫全部或者部分補助。
- 確認你孩子所在的學校是否有可用的資源。

- 聯繫當地的非營利性組織和相關機構，詢問對方是否提供經費或無償諮詢，是否有提供浮動價格（按照你的能力支付費用）諮詢的諮詢師。可能在聽到二十個否定的答案後，你會聽到一個「是」。
- 將諮詢看成一種投資。如果你能夠想辦法湊足資金，幫孩子做一次預防性諮詢。我親眼看到一些家長在事態變得不可收拾之際，不得不採取一些極端的措施。
- 積極主動行事，召集一批有愛心的成年人。聯繫孩子所在學校的諮詢師，讓孩子的兒科醫生也加入進來，拜訪一大批有愛心的成年人（孩子最喜歡的叔叔／伯伯／舅舅等，青年牧師、當地圖書館員等），將這件事變成一個「群策群力」的行動。

危險或令人不安的行為

畫面漸顯：室外，傍晚，一棟位於郊區的普通房子。

畫面溶至：室內，長走廊。

畫面溶至：室內，臥室。

安德莉雅，一位紅褐色頭髮的中年婦女，逕直走進房間並順手把門拉上。她一臉嚴肅。

安德莉雅：（在關門）

道格：（安德莉雅的丈夫，從一本雜誌裡抬起頭來）怎麼了？

安德莉雅：我剛才在打包。

道格：參加科學營？

安德莉雅：對。我需要一個背包，我不想帶我們的行李箱，因為那裡有礫石路，特別不好走。

道格：哦。

安德莉雅：所以我就去了庫倫的房間，去找一個他的運動包。你知道，他有不少愛迪達的包呢。

道格：然後呢？

安德莉雅：我就打開他的衣櫃，在櫃子最裡面的角落發現了一個包。我就把它拿到我們的房間，把它打開準備收拾行李。

道格：嗯，怎麼了？

安德莉雅：我發現了這個。（掏出一個裝滿綠色東西和一支大麻葉菸槍的小塑膠袋）

道格：啊，那是……

安德莉雅：沒錯。

道格：他是從哪兒搞到這些的？

安德莉雅：好像我知道似的。我們該怎麼辦？

道格：我不知道。他到底是怎麼弄到這些的？

安德莉雅：我怎麼會知道？

道格：（沉思，一片茫然）我還是不明白。這合法嗎？可是要到十八歲才行啊，而且還得有卡才行吧？

安德莉雅：我不知道。

道格：我想法律一月份要有變動的。

安德莉雅：你說的根本不是重點，道格。這事在我們家裡是不合法的。我不管政府怎麼說。我們的兒子私藏毒品！就在他的屋子裡！

道格：我的意思是，你這口氣好像是發現了他的地下冰毒實驗室似的。這只不過是一袋子草啊。

安德莉雅：你的意思是？

道格：大多數孩子只是嘗鮮，之後該幹嘛幹嘛。這不是什麼了不起的事。

安德莉雅：泰咪．史密斯的兒子傑瑞米呢？

道格：傑瑞米是因為吸食過量海洛因死的，親愛的。人是不可能死於大麻過量的。

安德莉雅：他吸食海洛因也是從大麻開始的。

道格：我是說……

安德莉雅：他現在開始用那個（指著那個袋子），然後就會開始跟那些壞孩子混在一起。

道格：大多數的孩子……

安德莉雅：（語氣無比堅定）把這話跟泰咪．史密斯說去。去呀！去跟她說，去跟她解釋！

道格：（沉默）

安德莉雅：葬禮上你就坐在我旁邊。（生氣中）我無法相信在我們的兒子擁有毒品是對是錯的問題上，你還得跟我唱反調。

道格：（語氣緩和）我又沒跟你吵，我沒有啊。我只是不知道……接下來該怎麼辦。

安德莉雅：我是說，我們要報警嗎？

道格：我覺得他們不會因為這麼一點兒量費心的，親愛的。我覺得他們不會的。

安德莉雅：或許我們立刻去學校找他，當場拿這些東西跟他對質。

道格：我們最好先弄清楚。

安德莉雅：（用指責的語氣，接近於嘲諷）你還需要弄清楚什麼啊？

道格：（語氣變強硬，表示這樣的指責不公平）嘿，我可不是故意找碴。我的意思是，我們的結論可能太草率了。我們還不知道那毒品到底是不是他的呢。有可能是他朋友或者他隊友的，他們可能讓他代為保管呢。關鍵是，這些我們都不知道。

安德莉雅：那，現在該怎麼辦呢？

道格：我不知道。

旁白：生活中，有時候你會覺察到孩子正在進行一些風險很大，甚至是危險或者違法的行為。這種情況可能會讓人不知所措，因為潛在的後果極其嚴重。接下來這一節會提供處理以上情況的有效方法。

父母必須知道的7個警訊

生活中，孩子很可能會碰到一些自己處理不了的事。這些事對孩子來說很困難，讓他們難以承受。此時，他們需要有愛心成年人的幫助。下面是一系列非常重要的警訊，能夠告訴你孩子正在掙扎，需要人幫忙。無論何時，只要你擔心孩子出問題了，回來重讀這張檢查表。

1 睡眠出現明顯變化

青少年突然變得嗜睡或者睡眠時間明顯減少，甚至有失眠的跡象。這也包括難以入睡、夜間醒後難以入睡、夜間不斷醒來、在鬧鈴響起之前就醒來等。

2 吃飯習慣出現明顯變化

孩子的飯量突然大增或者大減。

3 注意力變得難以集中

孩子看起來總是心不在焉，或是有精神和身體極度疲乏的跡象。通常，這是因為抑鬱干擾了睡眠，進而對他們的身體和大腦造成了嚴重的傷害。但也有可能是吸食毒品或其他用藥導致。

4 成績一落千丈

當青少年在情感上碰到無法克服的困難時，他們就難以將注意力集中在學業上，他們的成績單就可能有所反映。此外，這往往伴隨著睡眠問題，孩子經常顯得疲倦，缺少活力，因而使得在學業要求較高的環境裡保持成績變得非常困難。

5 比平常更容易發怒

青少年常常易怒，但其他的因素會使得這類行為突然增加。比如，青少年的壓抑看起來跟成人的抑鬱不一樣。他們的創傷和痛苦如果處理不當，很容易轉變為怒氣。此外，典型的狀況是青少年不具備成年人的處事策略，一旦碰到情感問題時，大多數青少年會變得比平時更為易怒。

6 在日常生活方面快速變化

青少年的生活往往很規律，所以如果你注意到他們的日常生活出現了突然的變化，這可能是意外發生的徵兆。比如，受到欺負的孩子會突然改變他們的行動路線和時間。

7 社交圈快速變化

儘管這並不一定表示出現了麻煩，然而社交圈是青少年生活中很重要的部分，所以社交圈突然的重大變化有可能意味著重大事情正在發生。

我擔心孩子罹患飲食障礙症

特別感謝高地飲食障礙治療中心臨床主任尼科爾．西格弗里德博士，他就該議題的一些細節提供了諮詢意見。

挑戰

一九九五年，哈佛飲食障礙治療研究中心主任安妮．貝克博士帶領一隊研究人員到遙遠的熱帶島嶼斐濟，去採訪那裡的女中學生。

研究人員試圖尋找能夠幫助他們了解這個南太平洋島國獨特文化的線索。在那裡，無論男女，身體通常都健壯豐滿。研究人員發現，「你胖了」這句話在斐濟被看做是對青少年的讚許。說某人「竹竿腿」卻是一種侮辱，而「瘦了」這個詞，代表減了很多重量，則會導致人們擔心。

三年之後，這些研究者再次來到斐濟時，發現了與上次迥然不同的現象。一九九五年以前，卡路里這個概念對於當地居民還很陌生。但是到一九九八年，六十九％的青少年說他們一直在節食，十五％的女孩說她們曾用催吐的方法來控制體重，將近三十％的受訪女孩在一次飲食障礙症風險調查評估中得分很高。

什麼原因造成了這種變化呢？原來，一九九五年當貝克博士展開她的研究一個月之後，美國的電視訊號開始透過衛星發送到斐濟地區。美國電視節目給斐濟人帶來了一種截然不同的審美觀念。

在今天的美國，超過一半的十幾歲女孩和將近三分之一的十幾歲男孩有著不健康的體重控制行為，比如不吃正餐、節食、抽菸、催吐、服用瀉藥。被診斷患有飲食障礙症的人當中，九十五％的人年齡在十二到二十五歲之間。

雖然飲食障礙症及其根源尚未明確，但是我們知道，由於人在青春期情感和身體上的變化，再加上來自學習、家庭和同儕的壓力，青春期成為飲食障礙症的好發期。

你的目標

在健康飲食方面為孩子樹立榜樣，營造一個注重青少年內在品質而非外表的環境。

會發生什麼

一、**迷茫**。你有必要幫助孩子明白如何與食物建立健康的關係。人類吃東西出於兩個目的：營養和快樂。幫助孩子在「健康」和「美味」之間實現某種平衡是很重要的。因為大家都知道，如果你一直吃奇多玉米棒（一種膨化食品），你的頭髮就會變成橘黃色；而如果你每頓飯只吃羽衣甘藍，你就會覺得活得真沒意思。

二、**巨大的社會壓力**。爆發式湧現的照片分享社群網站，給年輕人帶來了巨大的壓力，促使他們去創造一個精心設計的，有著完美外貌的自我形象。今天，超過九十%的青少年會把自己的照片發到網上。隨後，青少年常常會過度關注多少人給自己按讚，因為這種迅速的回饋會讓他們獲得認同感，或者相反。數位世界導致了現代人巨大的焦慮和不安全感。

三、**警示訊號**。如果你從孩子那裡聽到「節食」這個詞，那你要當心了。對於大多數父母來說，「節食」這個詞似乎是健康無害的，但實際上，它是造成飲食障礙症的高風險因素。我們有確鑿的資料：三十五%的「正常節食者」會逐漸形成病理性飲食習慣，而在這些人當中，二十%到二十五%的人會逐漸成為有部分綜合症或者全面綜合症的飲食障礙症患者。節食是青少年想暫時改變自己外貌的一種嘗試，幾乎不會形成長期的健康行為。只要你聽到「我這麼胖」「我需要減肥」「我需要節食」這樣的話，警示燈就亮了。要以此為契機，開始跟孩子談論飲食。

怎麼辦

一、**注意你談論飲食、體重和外貌的方式**。如果父母對自己的身體持負面評價，孩子患上飲食障礙症的風險會更高。像「我這麼胖」或「我得花上一週才能消耗掉這塊比薩」這類評語可能看似無害，卻無意間傳達了你關注的焦點。「我想更活躍點」、「晚上我不吃霜淇淋了，改吃葡萄」與「我討厭自己的樣子」、「那個名人真是不修邊幅」之間有著巨大的差別。你愈是談論外貌方面的問題，你的孩子就愈會認為表面的東西更有價值、更重要。

二、**把重點放在「什麼才是真正的美」上面**。有那麼一天，你的孩子或許會說「我真醜」「我好胖」「我不漂亮」之類的話。即使大多數父母會想盡辦法來防止孩子有這樣的感覺，但這種情況確實難免。健康家庭所能發揮的其中一個作用，就是抵消社會上一些帶有破壞性或者有害的訊息。我們生活在一個充斥著對美有各種不切實際的判斷標準的文化中，家庭可以對青少年在學校或者更廣闊社會裡的所見所聞產生一種緩衝作用。讓孩子把重點放在內在品質，以及為什麼這些東西使得他能真正美麗。以下是兩個實用策略：

- **認可策略**：儘管每位父母都希望「別聽他們亂講，你真的很美」這樣的話會起作用，而事實上不會。外在形象是人對自己身體的心理認知，所以肯定青少年的感受，認可他們的體驗是極為重要的。用這樣一些句子做開場白：「我聽見你說覺得自己不帥／不漂亮。

為什麼這麼說？」帶著好奇心來探討他們對自己的評論。接著要肯定他們的感受，比如「不管在哪兒你都能看到這些不切實際的形象，這一定讓人超級不舒服」，可以這樣說：「我明白你的意思。」或者：「我能理解你為什麼會那樣說。」

• **抗爭策略：**在認可他們之後，你就必須正面攻擊那些錯誤的觀點。你可以說：「從我做為你爸爸／媽媽的角度來看，聽到你說自己醜，哎呀，這根本是在說瘋話。這跟事實簡直差十萬八千里。讓我來告訴你，你在我的眼裡到底美在哪裡。」接下來你就可以列舉孩子那些與眾不同、充滿魅力、跟身體無關的特徵，譬如說「你好有幽默感啊」「你是一個超級忠誠和體貼的朋友」「我特別欣賞你待人的方式」「我特別佩服你那麼努力追求自己看重的事情」等。不要低估你在幫助孩子對抗這些錯誤思維方面所產生的作用。記得，要經常這麼做，這不會誇壞你孩子的。

三、**反駁電視上出現的觀點**。幾乎在任何地方，孩子都會碰到不健康的審美觀念，如果你當時正好在場，就要及時給出評論。比如，當那款新刮鬍刀的廣告出現在電視螢幕上時，你要指出自從人類開始刮鬍子以來，還從來沒有一個男的剛刮完鬍子，就會從他身後走出一個幾乎一絲不掛的女人來看他鬍子刮得乾淨不乾淨。這個刮鬍刀公司為什麼要播出這樣的廣告呢？他們在暗示自己的多刀頭刮鬍刀能做什麼呢？談論這些，會幫助孩子成為具有批判精神的消費者。一定要與當前這類占據優勢地位的世界觀抗衡。

四、要警惕。從飲食障礙症的定義可以看出，其麻煩在於這是一種不易察覺的疾病。事實上在一般情況下，患有飲食障礙症的人通常會跟這個疾病抗爭五年之後，才知道自己罹患此病而去尋求幫助。但有些跡象其實就是警訊：如果與孩子飲食相關的行為發生了變化；如果他們突然堅持只在自己的房間裡吃飯，或者他們決定從自己的飲食中砍去一整類食品；如果你發現他們的房間裡藏有食品包裝紙；如果他們對食品的選擇有某些方面在你看來不合情理，一定要追問並加以調查，雖然也有可能只是虛驚一場。青少年正處於快速發育期，他們的飲食習慣可能會突然發生變化。但是在這種情況下，確保安全總比事後後悔好。

五、尋求專業幫助。如果你注意到令人擔憂的跡象，或者很擔心孩子可能正在飲食障礙症中掙扎，那就尋求專業幫助。

我擔心孩子在發洩怒氣

特別感謝文學碩士、家庭諮詢師以及「有愛心的成年人」項目主任約書亞．韋恩，他就該議題的一些細節提供了諮詢意見。

挑戰

實話實說吧，你青春期的孩子做事不像話，跟你唱反調，說話沒禮貌，這肯定會讓你大發雷霆甚至喪失理智。如果你不加克制，最後的結果就是你大聲責罵孩子甚至動手。或許現在你已經陷入了這種行為模式中。

記住，養育孩子最關鍵的是你與孩子之間的親密關係。如果你與孩子的關係牢固，特別是孩子如果認為可以跟你推心置腹時，你才有機會影響他們的行為。對你來說，唯一能有作用的支點，就是你與他們的關係。這並不是說要你做一個老好人，而是說你要利用自己做為成年人所具備的權威、智慧和影響力，來與孩子建立良好的關係並幫助他們。

與孩子大吵大鬧，限制他一百年不得外出，摔門而去，這些都沒什麼用。下面教你一招，不僅可以讓你保持冷靜，還能有效引導孩子放棄不良行為，變得成熟，同時還不會對你們之間的感情造成任何損害。

你的目標

訓練孩子，讓他們懂得想從你這兒獲得東西，就要做到尊重和客氣。

會發生什麼

青少年的行為，幾乎毫無例外會受四種基本心理需要的影響[9]。你甚至可以說這是四種基本需要。因為他們試圖滿足其中某個需要，但由於方式不成熟甚至粗魯，結果就造成你與孩子的一次次衝突。這四種需要是：

一、**愛和歸屬感**。孩子特別想獲得並且需要感受到與他人之間的聯繫。這種聯繫可能來自家庭和朋友，也可能來自他們所在的團體或機構。

表現形式：各種研究結果一致顯示青少年加入幫派是為了尋求一種歸屬感。即使你的孩子不大可能加入幫派，但是也要注意，孩子會與能給他們歸屬感的人「結夥」，無論那個人有多不上進，有多壞。

二、**權力**。孩子需要有某種成就感，這種成就感可能來自體育或學習方面的成就，也可能來自擁有相處甚歡的朋友。

表現形式：即使已經被反覆要求了快六、七千次，他們仍然不打掃自己的房間。為什麼呢？並不是因為他們特別喜歡居住在「有害生物區」，而是因為他們在想盡一切辦法獲取權力，他們相信他們在自己的私人空間擁有此一權力，而臥室就是他們最神聖的私人空間。

三、**自由**。青少年想在自己生活的某些方面擁有自主權。方式可能是找一份工作或考取駕照，或僅僅是自己決定自己的時間安排。

表現形式：他們也許會穿你不喜歡的衣服，選擇你認為很醜的髮型。他們也許會（激烈的）反對你相信的東西，目的只是為了顯得特立獨行。他們會以追求個人自由的名義「試著扮演」各種形象。

9 這個觀點被稱為「選擇理論」（choice theory），是由著名精神科專家威廉．葛拉瑟博士（William Glasser）在其同名著作中提出的假設。葛拉瑟將幾乎所有人類行為的驅動力，歸結為這四個基本心理需求。

四、樂趣。樂趣對青少年的行為有著多麼強大的影響力啊！對這一點可不能低估。青少年愛玩，打電玩、看電影、跟朋友閒逛，大多數情況下都可能讓他們樂此不疲。

表現形式：他們可能會做一些蠢事，比如參加聚會時喝酒或者爬進一輛手推購物車，然後沿著陡峭的山坡衝下去。他們這樣做只是因為當時覺得好玩。冒險、刺激、好玩，讓他們完全不去考慮可能發生的後果。

重申一下，這四種需要都是好的。需要和想得到這些東西沒有任何錯，每個人都是這樣的。但是發飆、爆粗口以及為了得到你想要的東西就欺負別人，那就不對了。你要做的就是訓練孩子如何理解他們想要的東西，以及如何客氣的要求這些東西，在這個過程中要做示範，讓他們了解如何體現禮貌和愛心。

怎麼辦

一、**你需要做些準備工作**。當家庭氣氛和諧時（沒有激烈衝突或者爭吵），回想一下當你和孩子發生矛盾時，孩子的三到五個最讓你難以應對的行為。然後從那四個基本需要的角度來考慮每一個行為。他們通過這些行為，是在極力滿足哪個或哪些需要呢？他們是如何採用積極和消極的手段，著手滿足每個需要的？如果你能跟另一個人（比如你的配偶）一起充分考慮這些，你們可以彼此交換意見。

二、**保持鎮定**。如果你的情緒不穩定，就不要跟孩子有激烈的言語交流。如果孩子的情緒不穩定，也要避免激烈的言語交流。這一點非常重要。孩子懂得如何激怒你，如何引你做出反應。你絕不能讓孩子操控你的情緒。怎麼辦呢？心平氣和的走開。

不妨跟孩子這樣說：「如果你想跟我要什麼東西，那你得先學會理智和氣的跟我說話才行，到時候我們再談。」

你必須保持鎮定，主要出於兩個原因：第一，如果你不受自己的情緒驅使，你就能回應得更好。咆哮可能會提高電視節目的收視率，但在現實生活中卻不管用。第二，不管你是否意識到，你仍然是孩子的榜樣。如果你自己都無法停止吼叫，你就沒有資格讓你的孩子好好說話。要想讓孩子成熟的管控情緒，你得先成熟行事。

三、**讓孩子明白他們的策略不管用**。在教他們如何得到想要的東西之前，先問他們一些問題：你現在想要什麼？你的目的是什麼？你要達到什麼樣的目標？接下來向他們解釋為什麼他們的行為不管用，讓他們明白這個道理。你的孩子會發脾氣嗎？告訴他除非他心平氣和的說話，否則一切免談。你的孩子會臨時跟你要東西嗎？那就讓他明白，如果他能讓你有足夠的時間安排，你就會很樂意幫他這個忙。你的孩子會用不敬的口吻講話嗎？讓他知道，要想得到自己想要的東西，唯一的方法就是用尊敬的口吻跟你或其他人講話。

重申一下，孩子幾乎總是想要滿足上述四種基本需求中的一個，只是在力圖得到它的時候方法不當。當你們都能心平氣和時，幫孩子明白這個道理：你想要的東西是好的，但是你力圖得到這些東西所使用的方法，卻是沒有效果的。

四、運用肯尼・羅傑斯的智慧。在你跟孩子長期進行一連串無法獲勝的戰鬥時（你甚至不應該去嘗試），你們之間的關係會大大削弱。肯尼・羅傑斯不朽的話說：「你得懂得什麼時候壓制他們，什麼時候包容他們，什麼時候走開。」

- **懂得什麼時候壓制他們**：如果是你要主動挑起戰鬥，那麼有些時候你必須做到毫不妥協，堅持到底。這些不能輸的戰鬥通常是與安全和尊重相關的，比如，「你不可以用那種方式跟他人，特別是我說話」「我需要隨時知道你在哪兒」「你不可以毀壞財物，包括我的東西」。事關安全和尊重，絕不允許討價還價。
- **懂得什麼時候包容他們**：有些戰鬥，你愈想控制孩子，愈讓他們覺得有理由反抗。這些失利的戰鬥大多是因個人自主權問題引起的，而且常常只存在於某一成長階段。在這方面，位列第一的戰鬥，好像是圍繞著孩子保持自己房間衛生展開的。只要他們的房間裡沒有堆放已開封食物或使用過的食物容器（那會成為蟑螂螞蟻的樂園），或是食物味道沒有瀰漫到客廳裡，那就隨他們的便。其他的問題，比如衣服、髮型、髮色、音樂等等，也是一個道理。大多數時間，孩子只是在嘗試各種事情。這些都是成長過程中的必然。

你愈是試圖控制，就愈會讓他們有理由跟你對抗。

- **懂得什麼時候走開：**不要讓孩子欺負你。如果他們咆哮，如果他們辱罵你，如果他們提高嗓門或威脅你，你千萬不要屈服。相反，你要說：「你要大喊大叫，我們就沒法談。什麼時候你學會禮貌了我們再談。」然後你就走開。如果他們想跟著你，那就走進你自己的臥室把門關上。如果他們還不肯罷休，你就堅定的跟他們說：「到此為止，否則後果自負。」

如何應對孩子的怒氣

畫面漸顯：室外，週六上午大約十一點半。

市區一棟普通的褐砂石房屋

畫面溶至：室內，廚房

媽媽正在切柳丁，然後放進一個大塑膠袋裡。

一個十五歲的男孩走進屋子。

孩子：媽，我得去強尼家。

媽媽：哦，你妹妹有足球訓練，我得先送她過去。

孩子：你們什麼時候結束？

媽媽：大概三點左右回來。

孩子：什麼？時間太長了吧。我中午前就得過去，所有人都去會合。

媽媽：嗯，我三點能帶你去。

孩子：媽！我必須去強尼家，大概，就現在。我得完成學校的這個報告，只有這個時間強尼、安琪，還有其他人能和我見面，所以我必須去。

媽媽：哦，如果你真急著去，你應該昨晚或者前天晚上就告訴我，那我就可以早做準備，想個辦法。

> 你傳達的意思：
> 做計畫很重要。你要是早做計畫，情況會對大家更好。

> 他們的做法：
> 你的孩子會補充新訊息來說明該事確實緊急。

孩子：可是我是直到，嗯，剛剛才知道大家要中午趕過去見面的。

媽媽：哦，我沒法送你去，不然我們一起想想辦法。有沒有誰路過那裡，這樣你可以給他打個電話，讓他送你一下？或許誰的媽媽順路，可以過來接你一下……

> 你傳達的意思：
> 有時候我真的無能為力，但我不會不管的。我會幫助你想辦法解決問題。

孩子：天啊！不行啊！麻煩就在這兒！沒有這樣的人住附近啊。

媽媽：那好吧，我三點回來。

> 你傳達的意思：
> 你自己計畫不周造成的麻煩跟別人沒關係，這就是成人世界的處事規則。

孩子：他們做這個報告需要我，我已經告訴他們我要過去的。

媽媽：哦，那沒有辦法。我想送你過去，但現在不行。

你傳達的意思：
這很關鍵。「我想送你過去」表示你是為他著想並想幫助他，但這是一個相互體諒的事情。你願意跟我達成妥協嗎？你能昨天就告訴我一聲嗎？下一次你能改變自己的做法嗎？有什麼其他技巧可以幫助你獲得想要的東西呢？

孩子：就是因為她那破訓練才把我困這兒了。
媽媽：喂，你不能在我馬上要出門送你妹妹去踢足球時，才跟我說要我送你去強尼家吧！

你傳達的意思：
這個世界並不是別人繞著你轉。你要認清現實。如果你總是不提前做好計畫安排的話，有時候別人是無法騰出時間來幫你的，特別是在家裡，因為其他成員的時間和排程也需要考慮。

孩子：那可是學校的報告呀！我們必須在週一之前做完，到時候我們必須交的。

他們的做法：
這是青少年典型的做法：利用學校的要求來打動你的心。但是底線是，既然該項目這麼重要，他就應該早做準備。

媽媽：哦，我現在沒有時間送你去。

你傳達的意思：
我是有原則的。

孩子：這個項目我要不及格了。你很清楚，對吧？我要不及格了，就是因為你。
媽媽：聽著，你要是認為對我吼叫就能解決你的問題，我就會同意幫你，你就大錯特錯了！到此為止。
孩子：（吼叫）你帶著妹妹到處跑，而我現在有正經事要做，你卻不帶我去。
媽媽：你要大喊大叫，我們就沒法談。什麼時候你懂禮貌了，我們再談。好了，我得送你妹妹去踢足球了。

你傳達的意思：

在這個家裡，我們只能用平靜、禮貌的方式說話。如果你拒絕遵守這個標準，那我就不理你。

孩子：（用拳頭使勁捶櫥櫃並扔掉一條毛巾）啊啊！你太可惡了！我還要謝謝你這個媽！

媽媽：我再說最後一遍，你最好仔細聽著。你這種做法，這樣亂吼亂叫，這樣發脾氣，我是無法接受的。到此為止，不然有你好看的。明白嗎？

你傳達的意思：

在這個家裡，如果想得到你想要的東西，唯一的方式就是心平靜氣的說話。如果你違反了這條規矩，你就得承擔後果，而且失去現有的特權。

孩子：（出門）隨便！

我擔心孩子在吸毒

特別感謝執業臨床社會工作者、執業臨床酒精與毒品諮詢師羅蘋．巴內特博士，她就該議題的一些細節提供了諮詢意見。

挑戰

當你聽到「毒品」一詞，你很可能會覺得自己的孩子吸毒或者染上毒癮的機率基本上跟遭受雷擊一樣低。然而，這種對於青少年吸食毒品的廣泛性及致命性的低估，可能會帶給你和孩子慘重的後果。

每年有三十萬一千六百名青少年接受毒品與酒精治療計畫。超過九十一％的成年成癮者在十八歲前就開始吸毒。或許更讓人警醒的是，未成年時就開始吸毒的人當中，二十五％的人會上癮，這與成年後吸食毒品的人當中只有四％會變為成癮者，形成鮮明對比。而且，毒品尤其致命，在美國每天因吸毒過量而死的大概達到一百二十人。

你的目標

弄清楚孩子是否在吸毒。如果是，請採取下面的步驟獲得幫助。

會發生什麼

青少年對風險有偏好是由他們的大腦構造決定的。「青少年大腦」這個詞在一些人看來是一種充滿矛盾的形容，人們心裡面都清楚這樣的描述不公平也不正確。因為在一些方面，青少年的大腦具有令人難以置信的靈活性，這是指他們具備吸收大量資訊和迅速適應環境的能力。

但是，這種可塑性是一把雙刃劍。它同時意味著青少年更容易做出有風險甚至危險的決定而受到傷害。這是因為大腦中驅使並控制情緒的邊緣系統在青春期增強了，但是管理衝動控制的前額葉皮質，卻要到二十幾歲才發育成熟。這種不協調，意味著青少年可以輕易適應變化中的環境，同時也會盲目冒險，因此受傷的可能性大增。

青少年吸毒的原因跟成年人一樣，為了應付生活中的壓力和挑戰，克服社交焦慮，對抗孤獨感或暫時擺脫情感困擾。這些問題在青少年時期會特別突出，儘管此一階段充滿了挑戰，但也只是暫時的。所有這一切帶來一個既有好消息又有壞消息的局面。壞消息是孩子天生容易受影響，因此他們很容易沾上毒品。好消息是孩子易受影響也就意味著如果你早點著手，仍然有時間發揮積極作用，但是你必須謹慎行事。

不要騙自己。大多數家長試圖介入孩子的生活以處理他們濫用藥物的問題時，都已經太晚了，他們的孩子已經上癮了。表面上這難以置信：他們的孩子正在吸毒？為什麼一個深愛孩子的父母會看不到這個顯而易見的事實？答案是，有時候，我們對孩子的愛會蒙蔽我們。家長對明顯的證據視若無睹，是因為他們心裡根本沒有孩子可能在吸毒的念頭。

有些父母即使心裡懷疑，看著孩子表面上沒什麼異常，他們就會想：要是我家孩子真的在吸毒，他現在應該會蜷縮在毯子上滿頭大汗，一連三天無法動彈才對。其實，經常吸食毒品的青少年表面上與常人無異，但是父母總以自己的經驗或錯誤觀念為標準，而錯過了孩子吸毒的明顯跡象。

如果你發現孩子在嘗試毒品或已經在吸毒，你在情感上很可能會遭到巨大衝擊，此時你必須要與自己的情感抗衡。這種情況下，大多數家長不是感到害怕就是覺得羞愧，這兩種情感之強烈足以讓你不知所措。如果你繼續在這樣的情緒下生活處事，就不可能幫到孩子。不要問自己「怎麼會這樣？」，你一定要把全部精力放在「我現在怎樣才能幫助我的孩子？」上。

實際上，深陷困局的青少年非常希望被大人發現自己在吸毒。執業臨床酒精和毒品諮詢師、《家裡的癮君子》（*Addict in the House*）作者羅蘋．巴內特博士開辦了一個幫助成癮者的治療機構。

她表示，被問的青少年幾乎百分之百都會說：「我真希望我的父母當時能夠發現我在吸毒，我真希望父母當時採取了一些措施。」毒癮給自身和家人都帶來了巨大的痛苦，人生由此轉變（常常是令人難以置信的悲劇性結局），無法擺脫毒癮的人普遍經歷的絕望感，是每個青少年想避免的。他們迫切希望獲得幫助，恰如父母正急切的想給予他們幫助。

怎麼辦

一、**留心你的藥箱**。在家庭藥箱藥品的管理方面，你就像幾乎所有成年人一樣，極有可能對孩子信任過頭了。父母經常隨手放置自己的處方藥，但是就保管藥品而言，你就犯錯了。許多吸毒的青少年常常是從他們父母的藥箱開始的，因為那是最容易接觸到毒品的地方，被逮著的可能性不大或根本沒有，而且不花一分錢。對於青少年來說，吸毒就是知道要找哪種藥然後吃掉這麼簡單。對於你來說，防止孩子吸毒，就是要知道孩子想找哪種藥然後將其妥善保管這麼簡單。

二、**暗中觀察**。青少年渴望隱私，這是他們處在此一成長階段的天性。然而當一天結束時，無論從法律上還是從道德上，你都有責任了解一下家裡發生了什麼事，所以你必須仔細暗中觀察。到孩子的房間裡看看，仔細找找有沒有吸食毒品的痕跡。你這麼做不必隱瞞，告訴孩子，因為他們還未成年，而且住在你的房子裡，所以你有權進入他們房間。許多接受康復治療的青少年都有極為出色且非常疼愛他們的父母。因為孩子不想讓父母知道自己在做什麼，於是父母就讓孩子擁有隱私空間。如果當初這些父母暗中觀察，或許他們就能早點發現孩子在濫用毒品並且能夠馬上採取行動，在孩子完全上癮之前幫助他們。

三、**要過度反應，因為父母通常反應不足**。設想一下，如果你發現孩子在學校裡偷東西時，你可能會有非常強烈的反應。你可能會跟其他的父母談話，你可能會跟你的孩子談話，你可能會大張旗鼓的處理該事，因為你想讓孩子明白偷竊是錯誤的，這種行為害人害己，你必須把這個道理講清楚。所以，如果你的孩子醉醺醺的回到家時，你必須高調嚴正的處理此事，這將是一個轉捩點。立刻採取具體的行動：重新安排你的日程、優先處理此事、讓專業人士介入、使用嚴肅的口吻和態度。如果你採取了這樣的行動，你的孩子可能會千方百計掩蓋他濫用藥物的事實（如果你留心，肯定會發現蛛絲馬跡，從而證實他確實有問題），他可能會說：「我的天，真是煩死了，我再也不幹這種事了。」

四、**不要害怕讓孩子做藥物檢測**。如果你懷疑孩子在使用毒品，那就讓他們做一次藥檢。

你可以在任何一家藥店買到非處方藥檢試劑。這些檢測會查出許多最常見、被濫用的藥物。這樣，你就可以得到確鑿的證據，不是陰性就是陽性。孩子會反抗你的安排，他們很可能會被激怒，你也會因此感受到很大的心理壓力，但是你必須拿到確切的證據，以證明他們是清白的或者確實在使用毒品，這樣你才能真正幫到他們。記著你的初衷：你的目的是關愛並且幫助你的孩子。正常情況下，即使孩子一直牴觸甚至激烈反對你的做法，但他們憑直覺都會明白你的所作所為全都是為了他們。

五、必須尋求專業援助。當發現自己的孩子在吸毒，許多家長會力圖自行處理，任由恐懼和羞恥來主導自己的行為。通常他們會天真的認為：「我是個好父親／母親，我能處理好這件事情。」但是你做不到。一旦一個人開始吸毒，就會產生兩個結果：他要嘛變成一個騙子，要嘛變成一個小偷。要知道，現在你面對的，已經不再是你所熟悉的孩子了。尋求專業援助，能讓「誰在講真話」的遊戲真相大白，而且將使得孩子明白你是認真的，沒開玩笑。此時千千萬萬不可掉以輕心。

最好的結果是，孩子只是在嘗試毒品，而專業諮詢的過程立刻把他們鎮住了；最壞的結果是，孩子已經有毒癮了，陷得比你想像的要深，但現在他們得到了有可能幫助他們戰勝毒癮的專業援助。

青少年是怎麼染上毒癮的

多年來，羅蘋・巴內特博士在紐澤西州經營一家戒毒所，成千上萬名青少年曾經在此接受過治療。我們問她戒毒所收治的青少年染上毒癮的過程是否有相似之處。巴內特說有一個染毒過程的描述被重複了不僅數十次，也不僅數百次，而是成千上萬次。那麼青少年染上毒品有沒有其他途徑呢？當然有。但是，迄今為止青少年染上毒癮有一條最清晰、最可能的途徑。

第一步：感到無聊。

他們沒有參加任何能滿足自己興趣、歸屬感和自由等本能需求的課外活動。這讓他們感覺生活缺少成就感和意義。

第二步：接觸到你的藥箱。

大多數家長在接受調查時認為，青少年首次接觸非法藥品最有可能的是某個聚會上某個朋友介紹給他們的。而專家的看法不同：絕大多數孩子吸毒始於家長的藥箱裡醫生開的止痛藥。這是最容易接觸到毒品的地方。青少年知道他們這樣做幾乎或根本不可能被大人當場逮著，而且不用花錢，他們只需要知道要找哪種藥然後吃下去，事情就這麼簡單。

第三步：藥丸起作用了。

青少年不會一開始就吸食烈性毒品。藥丸看似無關緊要，而且會使你的孩子感覺良好。止痛藥會緩解人內心的焦慮、緊張或抑鬱。當青少年偶然發現有東西竟然可以馬上緩解這些症狀時，他們會喜出望外。

第四步：把一整瓶藥用光了。

到這時，你的孩子在積極體驗這些藥片帶給他們的感覺，但是藥品總是有限的。

第五步：試圖買到更多的藥丸。

所有資料顯示，青少年所用毒品的提供者很可能是他們在學校裡認識的人。問題是，這些處方藥很貴，比如，疼始康定（OxyCotin）每片價格大概在三十到四十美元，所以，青少年開始想辦法偷父母的錢。但是，偷來的錢總是有限的。

第六步：找到一種比鴉片類藥物便宜的替代品。

當得知鴉片類藥物比如疼始康定在坊間售價過高時，墨西哥販毒集團做了兩件事：他們先大幅增加毒品海洛因的產量（其製造要簡單得多，成本也低得多），然後建立網路將其銷往美國各地。到二〇一五年，在紐約市一包香菸的價格是十．二九美元，與此同時一包（含一次吸食的劑量）海洛因的價格大約是十美元。

第七步：開始嘗試吸食海洛因。

有人會告訴你的孩子，海洛因通過靜脈注射極易讓人成癮，而用鼻吸（粉末狀）或口吸時則不那麼容易上癮。這種說法基本上不正確，但是你的孩子會相信。結果，他們或者用鼻子吸一條粉末狀海洛因，或者吸一支含有海洛因的大麻菸捲。毒品通過鼻竇進入血液，幾乎瞬間產生了興奮感。從此，他們在身體上已經對毒品產生依賴了。

第八步：耐藥量不斷增加。

海洛因與大腦中的鴉片受體細胞結合後，會阻斷疼痛感，並且使人鎮定下來或體驗到快感。在分子結構上，海洛因與嗎啡密切相關。當青少年吸食海洛因時，他們的身體會將毒品迅速轉化為嗎啡，嗎啡能讓人瞬間感受到強烈的愉悅感和極度的放鬆。但是海洛因被藥品執法局列為一類管制品，被定義為目前不能入藥且具有高度濫用可能性的毒品。用不了多久，青少年的大腦就會適應海洛因的作用，並習慣提高了的類鴉片效果。這時，他必須依靠更多的海洛因才能達到先前的快感。

第九步：有人教他使用針頭。

慢慢的，當青少年需要愈來愈多的海洛因才能達到同樣的快感時，有人會建議他嘗試把海洛因直接注射進血液中。至此，他在身體上已經無法離開這個星球上最危險、最使人上癮的毒品了。此時，青少年的大腦在不斷尋求平衡狀態，試圖通過激發對海洛因強烈的渴望來努力恢復先前的類鴉片效果。因為這種渴望的劇烈程度和停止吸毒時產生的巨大痛苦（眾所周知海洛因難以戒絕），使青少年根本無法克服對海洛因的極度依賴，至此他已經成了一個徹徹底底的成癮者。

這下我們清楚了，簡單描述通往吸毒成癮之路的目的，並非要嚇唬你或暗示上述情況總是無法避免。不是的。經研究證實的有力證據表明，家長和有愛心的成年人能夠改變、中斷甚至逆轉這條道路。國家藥品濫用研究所發現，防止青少年吸毒的最有力的制約因素是父母的愛護，同時他們發現父母的監督對於預防青少年吸毒非常關鍵。做為一名父親／母親，你比自己意識到的更重要，比自己感覺到的更有影響力。不要懷疑自己的影響力，積極參與進來。

青少年群體狀態：使用毒品

以下有關青少年行為的資料，是由美國疾病控制預防中心下屬的青年風險行為監控體系發布的。這些令人警醒的數字，顯示了毒品使用在青少年群體中廣泛存在，應當給我們所有人敲響警鐘。

- 六十三．二％的高中生都喝過酒
- 三十八．六％的青少年曾經吸食過大麻
- 三十二．八％的青少年目前在飲酒
- 二十一．七％的青少年說有人在校園裡向他們提供、出售或給予非法藥物

- 二十一・七％的青少年現在吸食大麻
- 十七・七％的青少年一次連喝五杯或更多的酒精飲品
- 十七・二％的青少年在十三歲前第一次喝酒
- 十六・八％的青少年在沒有醫生處方的情況下服用處方藥
- 七・五％的青少年在十三歲前嘗試吸大麻
- 七％的青少年曾使用吸入劑
- 六・四％的青少年曾使用迷幻藥
- 五％的青少年曾使用過可卡因和搖頭丸
- 四・三％的青少年一次連喝十杯或更多的酒精飲品
- 三％的青少年曾使用甲基安非他命（俗稱冰毒）
- 二・一％的青少年曾使用過海洛因
- 一・八％的青少年曾靜脈注射過非法藥物

我擔心孩子在傳色情簡訊

特別感謝海德威情緒健康服務公司的兒童及青少年心理學家哈爾．皮克特博士，他就該議題的一些細提供了諮詢意見。

挑戰

凱麗覺得扎克很性感，當扎克向凱麗要了電話號碼後，他們開始通話，開始用Snapchat分享彼此的照片。他們開始約會。扎克讓凱麗送他一張性感照片，於是凱麗就拍了一張。扎克還想要一些，於是凱麗站在浴室鏡子前拍了一張自己的全身裸照，傳給扎克，扎克看完照片後截圖保存起來。凱麗認為扎克已經將照片刪除了，而事實上扎克卻把照片存到自己的手機裡。

幾週後，扎克和凱麗鬧翻了。扎克就將那張裸照發給他的朋友，一個以前跟凱麗當過朋友的女孩。這個女孩在照片上加上一些文字：「呵，注意啦！」她寫道，「如果你認為這個女的是個婊子，那就把它發給你所有的朋友。」然後她選取手機裡一長串連絡人，再點擊發送。

不到二十四小時，凱麗的裸照傳遍了四所中學，就好像她曾一絲不掛的漫步於這些學校的走廊一樣。成百上千，或許成千上萬名學生都看到了這張照片。

就這樣，凱麗的生活被徹底改變了。

每年，在全球各地的學生中，此類事件不斷發生。即使情況不像扎克和凱麗的故事那樣令人恐怖和影響廣泛，但是類似事件的報導仍然屢見不鮮。

所謂的色情簡訊，指的是用手機發送露骨的色情圖片或者訊息給別人。據調查，高達二十％的青少年曾參與發送色情簡訊，儘管不同研究之間差異很大，但大約十％的青少年曾經發送過色情圖片，更有多達二十％的青少年曾收到這樣的圖片。

近年來，隨著網際網路的普及，青少年收到愈來愈多數不清的色情圖片。所有的資料和研究結果都表明，發送色情簡訊確實有害，而且會嚴重影響青少年的生活。下面的內容會告訴你如何幫助孩子避開這些災難性後果。

你的目標

防止自己孩子的裸照被傳到網上，避免這種災難性情況的發生。

會發生什麼

孩子或許並不知道發送色情簡訊是違法的，或許連你也不知道。但是在事發各州，發送色情簡訊都帶來了法律後果。在很多州，如果青少年發送年齡不足十八歲者的裸照（即使是自己的），就構成了傳播兒童色情訊息罪。此外，不同的州對於「法定承諾年齡」（即從法律角度講，青少年可以決定自己性行為的法定年齡）有不同的規定。

比如，在明尼蘇達州承諾年齡為十六歲。所以，如果一個十七歲的人正在與十五歲或年齡更小的人約會，那麼他們之間交換色情照片就可能觸法，比如引誘未成年人罪或其他成文法典規定的罪行。理論上講，這可能會導致年齡較大的一方被控訴涉嫌性侵犯並被記錄在案。要說明的是，儘管大多數青少年知道發送色情簡訊不好，但他們不知道這是違法的。

發送色情簡訊的問題很複雜，在情感面的處理上也很棘手。有時候，青少年甚至根本不會意識到發送色情簡訊有什麼問題，他們這麼做只是為了尋求快感，激發性欲。但是有時候事情會變得愈來愈糟糕。當發送色情簡訊惹出麻煩時，一般是女孩會受到傷害。

首先，女孩更有可能需要應付讓她們反感的色情簡訊。同時，她們更容易受到來自同伴的壓力：男生或她們的男朋友會要求她們發送色情簡訊，有時她們還會受到一些愛挑逗的女孩的壓力（傳給他一張裸照，這是你找到男朋友的唯一方式）。更糟糕的是，一旦發送色情簡訊惹出了麻煩，她們就成了典型的受害者。總體情況是這樣（當然也有男孩是受害者的情況），但是就發送色情簡訊而言，我們的社會似乎有根深柢固的雙重標準，受到羞辱的往往是女孩子。

當女孩的一張隱私照片被原定接收人以外的人分享時，不管是陌生人還是要好的朋友，絕大多數女孩都會感覺受到侵害。事實上，心理學家和諮詢師分析，色情簡訊事件所造成的心理創傷，與真正的性攻擊造成的心理創傷有許多相同之處。

如果你發現孩子在發送色情簡訊，你要保持鎮定。大多數家長發現孩子與另一位青少年單方或互相發送暴露照片或露骨簡訊時，都會有激烈的情緒反應，這可以理解。導致這種情緒的原因很多。你可能會大發雷霆，因為你想保護他們，你清楚在我們這個資訊時代，發送色情簡訊有多麼危險，而他們卻很可能不知道。

另一個原因是你不得不面對這個嚴酷的現實，你的小男孩或小女孩是一個有性需求的人。但是無論原因為何，一定要記住：當你在處理這些問題而引發的激動的情緒時，要避開孩子。哭喊、吼叫、尖叫、咆哮，對誰都沒好處，也包括你自己。

怎麼辦

一、幫助孩子明白：發送色情簡訊並不會讓別人真正喜歡你。儘管它會讓別人注意到你的身體，但是一個人最重要的並不是肉體，而是心靈、思想、情感、夢想和抱負等。那才是真實的你，才是你最重要的部分。告訴孩子，如果有人僅僅想了解她的身體而根本不在乎其他方面，那麼這個人根本不值得她花時間去交往。借用一句網路名句：「如果你的男朋友僅僅因為你的胸、腿和屁股而想跟你在一起，那麼打發他去肯德基吧。你是人，不是特價的套餐。」

二、**直截了當告訴孩子：「不要給自己拍裸照，更不許發給別人。」**對於青少年而言，他們對發送色情簡訊的了解和所受到的相關教育少得可憐。所以，在你給孩子一部手機之前，告訴他們這句話「不要給自己拍裸照，更不許發給別人」，解釋清楚為什麼這一點很重要。

三、**如果雙方出於自願收發了色情簡訊，那就要見機行事**。最重要的一件事情，就是找一位兩個涉事青少年都信賴的成年人，與他們共同談論此事可能造成的後果。如果處理得當，這樣的談話會產生積極效果並能真正幫到孩子。如果你認識另一個孩子（特別是另一個孩子的父母），不妨約一下他們，看能否坐在一起好好談談。

但是如果你認為另一個孩子的父母（或父母的一方）並不通情達理或滿不在乎，就不要這樣做。注意，要讓另一個家庭有時間去了解並考慮此事。跟你一樣，他們也需要時間，才能從最初的恐慌和震驚的心態中走出來，進而能夠冷靜談論此事。所以，初時要冷靜分析形勢，但一定要有一位成年人與當事的兩個孩子開誠布公的談話。

四、**如果雙方自願的色情簡訊已經收發，並惹出了麻煩，要準備好換位傾聽**。大多數情況下，父母和其他成年人介入時，都打算對孩子講大道理，但這樣做並不見得奏效。你需要營造一種氛圍，讓孩子自願說出心裡話。

不妨參考以下問題：

- 現在你對此事有什麼感受？
- 你清楚跟這件事情相關的法律嗎？
- 你當時是不是不得已才做這件事的？
- 你需要從我這裡獲得什麼幫助嗎？你希望我做什麼？

五、如果色情簡訊收發已成事實，而你孩子的照片在網上瘋傳，務必尋求專業的幫助。在此重申，這是最壞的結果，要採取一切手段防止這種情況的發生。如果這種情況已然發生，你必須帶著孩子去找專業諮詢師，請他們幫忙處理這件事。

我擔心孩子在自殘

特別感謝家庭和人際關係心理治療醫師弗蘭・沃爾菲斯博士，他是本議題的專家撰稿人。

挑戰

在「第一種思維模式：青少年比看起來更需要你」這個章節裡，我們討論了霍爾頓・考爾菲德，即美國作家沙林傑在《麥田捕手》裡刻畫的那個不可靠的主人公。多年來，霍爾頓已經成為青少年叛逆和焦慮的代表人物，但不幸的，他也被嚴重誤解了。

儘管在許多方面，霍爾頓和其他青少年一樣，是一個矛盾的集合體，但是在一個關鍵方面他有著明顯的不同。他的內心深處隱藏著大多數青少年難以理解的傷痛，那就是他心愛的弟弟艾利因白血病去世了。在那本書最溫柔和最具啟發性的部分中，他回憶了艾利去世的那個夜晚。

那個晚上霍爾頓睡在他們家的車庫裡。因為在情感上未能得到父母的安慰，霍爾頓無法承受內心巨大的悲痛，於是，他像一頭突然發怒的受傷的野獸，一拳打碎了車庫所有的玻璃。唯一沒打碎的是家裡客貨兩用車的車窗玻璃，原因是他的手已經被割傷了，流著血，傷得很嚴重。再次回憶起當時的情景時，霍爾頓承認那樣做很愚蠢，但隨即辯解道：「你不了解艾利。」

這次暴怒給霍爾頓的一隻手造成永久性的傷害，他坦然承認那隻手直到現在仍然無法握拳，而且下雨天有時會疼。他對這次傷害帶來的終生影響不屑一顧，說反正自己從未打算做一名外科醫師或小提琴演奏者。但是我要說的重點是，艾利去世的那個夜晚，破碎的不僅僅是霍爾頓的心靈。

這個片段描述了典型的霍爾頓，同時也描述了典型的青少年。當青少年面對難以想像的情感壓力，卻得不到可信賴的成年人幫助時，他們常常會採用一種被稱為「自我傷害」的不當應對方式。

非自殺性的自我傷害，通常被簡單的稱為自殘，指的是故意傷害自己身體表面的行為，比如割傷或燒傷自己。最近的一些社區研究發現，三分之一到二分之一的美國青少年曾進行過某種形式的自殘。

但問題是，儘管割傷自己的身體以及其他形式的自殘與自殺行為明顯不同，卻頻繁發生在經常考慮或嘗試自殺的青少年身上。父母和其他成年人需要認真看待孩子的自殘行為，並且了解其危險性，無論在生理上還是在心理上。

會發生什麼

經常割傷自己的青少年，會使用刮鬍刀片在手腕和肘部之間的手臂上劃出小口，切口一般與手腕平行，而不是縱向的（縱向割傷更危險，而且是一種企圖自殺的標誌）。這種情況下，孩子往往會試圖遮蓋傷口，所以在沒必要穿長袖上衣的情況下，他們也會這樣穿著。

對孩子自身而言，這種行為背後的意義其實很讓人難受。很多青少年說割傷自己會讓他們感到很舒服。但是割傷自己和自我傷害被認為是「適應不良的」，意思是這些方式是不合適、於事無補或者不健康的應對機制。可以預想，割傷自己對孩子不會有什麼幫助。它是一個極其危險的訊號，父母必須予以重視。對父母來說，這個問題尤其棘手，因為如果你想跟割傷自己的孩子談論此事，他們通常會說你在小題大做。然而有關研究表明，雖然割傷自己曾經被認為是一些人緩解壓力的辦法，但是人一旦降低對自殺念頭和行為的抑制，它就會導致更加危險的行動。父母應該立刻尋求幫助。

這種行為也會讓父母感到痛苦。這很難下筆，但是與無數諮詢師和心理學家交談的過程中，我們了解到一個殘酷的事實：割傷自己的孩子或青少年，實際上是在與內心的痛苦對抗，他們覺得在家裡找不到一個溫暖、安全的地方訴說自己的痛苦。孩子割傷自己是因為他們覺得太孤獨、被人拋棄或者被自己生活中的成年人視而不見。

怎麼辦

一、**與過去的羞恥、內疚和否定對抗，分清事情的輕重緩急**。很多家長發現孩子在自殘，他們會面臨一些痛苦的想法。首先，自己的孩子可能會自殺，這樣的念頭讓他們深感痛苦。這樣的想法是許多父母無法承受之痛，所以他們在內心會極力淡化這種可能性。千萬不要這樣做。其次，許多父母開始問一個問題：「我哪兒做錯了？」他們認為孩子陷入了麻煩，代表大人做得不好。不要因為擔心陌生人會怎麼想就拒絕尋求幫助。還有，不要過於自責，人無完人。你只能給予他們你所擁有的，在這一點上你已經盡了全力。認清事情的輕重緩急：為了孩子，也為了自己，趕緊尋求幫助。只有這樣，你和孩子才有可能痊癒。

二、**消除房子裡的安全隱患**。如果你發現孩子在割傷自己，你要做的第一件事就是拿走所有危險物品來保證孩子的安全。把家裡所有的刀片、切割裝置、刮鬍刀片、小刀或其他尖銳的物品都放在安全的地方。

三、**尋求專業幫助**。千萬不要批評，千萬不要評判，千萬不要責罵，千萬不要指責，千萬不要討價還價。只要幫助！碰到這種情況，父母應該立刻主動尋求專業協助，你自己無法解決這種問題的，明白這一點就行。應對習慣性割傷自己（或其他形式的自殘）的青少年已經超出了一般父母的能力範圍。你需要專業人士的幫助。閱讀「如何說服孩子尋求幫助」部分，裡面闡述了如何選擇理想的諮詢師以及如何說服孩子去諮商。

去見專業諮詢師的好處不勝枚舉。首先，對在痛苦中煎熬的孩子來說，會有一位敬業的專業人士傾聽他們的心聲，這個過程本身就有極好的治療效果。其次，孩子會經常參加小組治療，而這種小組體驗對孩子的作用很大。當孩子置身年齡相仿而且有同樣感受的青少年當中時，他們在別人身上看到了自己的影子，知道自己並非特例，這時他們會感受到強大的動力。

此外，隨著諮詢的進展，孩子會接受相關訓練，逐漸掌握一系列實用的策略。當他們感覺無法自制的時候，就會求助於這些策略，包括處理強烈情緒的方法（畫圖、畫油畫、寫日記），自我撫慰（洗澡、聽舒緩的音樂），驅散孤獨感（給治療師或朋友打電話），釋放緊張（全身心投入鍛鍊、撕紙張、握壓力球）和驅除麻木感（咀嚼味道強烈的東西，如肉桂口香糖或者柚子皮）。親眼看著毫無生氣、常常感到絕望的孩子逐漸變成一個充滿活力的年輕人，這值得你付出一切。

我擔心孩子壓力過大

特別感謝「態度・和諧・達成[10]」（ＡＨＡ！）青少年專案執行理事珍妮佛・弗雷德，她就該議題的一些細節提供了諮詢意見。

挑戰

心理學家勞倫斯・J・科恩在他發表於《時代週刊》上的文章〈那些焦慮的孩子的故事〉（The Drama of the Anxious Child）中寫到，他在一九八〇年代早期學習心理學時得知，在任何一群孩子中，大約有十到二十％的人，本能會對新的或不熟悉的東西感到不安或緊張。其中一

[10] 非營利性組織，全稱為「Attitude Harmony Acheivement」。

些孩子進入青春期後對新情況會不由自主的感到更緊張和不安。但是在一九八〇年代，青少年中只有很小比例的人（一到五％）會發展並被確診為焦慮症。

如今，天生害羞或過分謹慎的孩子所占的比例可能沒有變化（十到二十％），但是根據全國心理健康學會的調查，被診斷患有焦慮症的年輕人，比例已經攀升到二十五％。

教育學家發現當今愈來愈多的學生罹患抑鬱症、焦慮症和社交恐懼症。他們說，心理疾病在學生群體裡已經明顯增加，而且有向年齡更小的孩子蔓延的趨勢。許多孩子已經默默忍受了多年心理疾病的困擾。

發表在《北美精神病臨床》（*Psychiatric Clinics of North America*）季刊上的一項研究確認：「一系列的研究令人信服的證明焦慮症已經成為兒童和青少年最常見的心理障礙。」

究竟是怎麼回事呢？為什麼如今的孩子承受的壓力更大，抗壓能力變低，而且一直處在輕度焦慮中呢？我們這些有愛心的成年人怎麼樣才能幫助他們呢？告訴你一個好消息，你和孩子可以採用一些相當簡單的步驟，就能大幅緩解他們的焦慮和壓力。

你的目標

協助孩子用一種健康的方式應對壓力和焦慮。

會發生什麼

弄清楚輕度焦慮和壓力在青少年身上的表現，以下是一些常見的跡象：

- 煩躁不安或感到緊張不安
- 動不動就覺得疲倦
- 難以集中精力或徹底放鬆
- 易怒
- 肌肉緊張
- 難以控制焦慮
- 睡眠困難（入睡難、睡眠淺、容易醒或睡眠品質不好）

每個青少年都要應對不同程度的焦慮[11]。對於青春期的孩子來說，光是這個階段身心的急劇變化就讓他們難以應對，這本身就是一種焦慮。此外，現代社會還以各種你可能不完全理解的方式給他們的生活添加新的壓力：

11 我的意思是，想想吧，當你想成為她／他眼中那個最迷人、最優雅、最酷的人的瞬間，大自然也釋放出青春期那無所不催的力量。

• 申請大學的競爭明顯加劇。這就導致中學裡的競爭更為激烈，壓力變大。

• 青少年的排程過滿。他們忙於家庭作業、大學先修課程、體育練習、音樂和學生自治會等課外安排、學術能力評估測試作業、女朋友和男朋友、工作和朋友，缺少可自由支配的時間。

• 正因為沒空享有消化新體驗所需的「停機時間」，青少年常常感到焦頭爛額。

• 現代經濟給家庭造成了很大的壓力，從而也給孩子增添了壓力。

• 幾乎一刻不停的娛樂選擇，讓青少年不斷追求「從不感到乏味」，而這幾乎是不可能的。

• 青少年生活的一部分就是與他人交往。但是在社交媒體創造的各種環境中，不是過分強調青少年自我意識的即時滿足，就是批評、侮辱和否定他人的機會。這個問題很難解決。

• 各種數位設備，這種人們精心挑選的應對機制，事實上並不奏效。生活在這個高度數位化的時代裡，青少年會感到前所未有的孤獨、焦慮和壓抑。

怎麼辦

一、**排除螢幕的干擾**。緩解焦慮最持久可靠的方法，就是陪孩子一起享受沒有螢幕干擾的時光。如此一來，就替有意義的對話創造了條件，這會讓孩子有時間認識自己的情感，還能大大增加他們向你傾訴自己所思所想的可能。關注孩子，讓他們感覺到自己受重視，自己的心聲有人傾聽。交談中幫助孩子處理紛繁複雜的生活。這會讓他們感到寬慰，焦慮得以緩解。而且，傾心交談有助於孩子感受到自己與他人之間的情感紐帶。而且，專心陪孩子，其實也同時教會他們降低焦慮和獲得快樂的最健康最有效的策略：與他人建立情感聯結。

二、**鼓勵孩子拔掉電源插頭**。根據凱瑟家庭基金會的一項媒體研究，青少年一天在社群媒體上要耗費九個多小時。九個小時！這種過度連接，包括不斷的資訊提示、刷新頁面、擔心「他們喜歡我的貼文嗎？」就是造成緊張的部分原因。督促孩子主動離開螢幕。（「媽媽，接下來要幹嘛？我們自己做奶油？」）只要離開一段時間即可，因為那是他們所需要的。而且說實在的，這並非只是孩子的事，不是嗎？所以一定要帶頭行動起來。

三、一**起做些事情**。當孩子（和你自己）拔掉電源插頭後，一起出去，利用你們擠出來的大把時間做些事情。我們採訪了很多家長，向他們討教了一些非常好的活動。下面是我見到的最好的點子。

- 跟孩子一起到大自然中走一走。這種悠閒和大自然純樸之美的約會，會讓孩子耳目一新。
- 去露營。你需要和孩子一起協作，考慮去哪兒，想好帶哪些物品，然後一起準備。顯然，這樣的活動也是極具任務導向的，而且要付出體力勞動（搭建帳篷、生火等）。
- 一起動手，做一頓特別的飯。太多的青少年根本不知道怎麼下廚做飯，而實際上這是一項很實用的技能。做飯需要各種感官的協作，而且，它本身就是一項讓人們拉近相互關係的協作性活動。

- 如果孩子好動而你又擅長手工藝，那麼一起在家裡做件事吧，可以粉刷房間、製作陽台上用的家具等。
- 如果你和孩子都有藝術天賦，那就一起進行藝術創造。一起參加繪畫或者攝影課（你們都感興趣且可以一起分享的東西）。
- 一起運動，比如騎自行車或學習衝浪。報名參加一次慈善賽跑活動，並且一起訓練。
- 一起當社區義工。孩子將能學著在活動中尋找意義而不只是簡單的快樂，這對他們的長遠發展有潛移默化的好處。所有人都會因為幫助他人而感到快樂。

如果你們將這些想法付諸實踐，就會發生下面的事情。這個過程會涉及到一個心理學名詞，叫做「共律」（Co-regulation），意思是父母和孩子會因互相幫助而感到更加快樂。最典型的例子就是母親和新生兒。母親對嬰兒極為體貼，用輕柔甜美的語氣對著嬰兒講話；嬰兒聽到後會咿呀回應，會咯咯笑起來。這又會讓母親露出笑容，親吻孩子，而孩子則會用微笑回應。母子倆在用一種無法言喻的積極方式互相幫助。這是人類交流的奇跡。

我知道，你的孩子已經不是嬰兒了，但青少年仍然需要安慰，需要有人去傾聽他們的心聲，需要有人鼓勵他們。

科技產品帶來的麻煩

畫面漸顯：室外，傍晚，一座公寓大樓。

畫面溶至：室內，一棟普通家庭的房間裡。

沙發上，正抬頭看過來的是莫妮卡（她十五歲，黑髮向後梳著）和利布（莫妮卡的弟弟，十三歲。身上的針織運動衫太大，讓他顯得有點笨拙）。在他們面前來回踱步的是姐弟的媽媽。

利布：好吧，這個會是誰要開的啊？

媽媽：是我。

利布：媽媽，你鬧著玩的吧。

媽媽：我們需要做一些改變。做為你們的媽媽，我覺得我有這個責任。

莫妮卡：什麼樣的改變？

媽媽：關於這個的改變。（她掏出手機晃了晃）這個！

利布：哦。你不喜歡三星手機？那買一部蘋果手機吧。

媽媽：不，這個就行。哦，不，不，我不需要新手機，我不需要手機！

莫妮卡：你不需要手機？

媽媽：我不需要任何手機。這個東西，（指著她的手機）這個東西正在控制我們的生活。不！它正在毀掉我們的生活。

莫妮卡：我覺得，它不會毀掉……

媽媽：錯。你看那些調查了嗎？我看了。我不會讓這些產品進入我的家裡，把我的孩子變成不動腦子，情商低下，無法在現實中跟真人交流的麻木遲鈍的人。我可不想讓你的注意力變得像小飛蟲的注意力那麼短。

莫妮卡：不好意思。你剛才說什麼來著？

媽媽：這可不好笑！

利布：對，你說對了。當媽媽失去理智時沒什麼好笑的。

媽媽：你怎麼不說是我重新找回理智了呢？嗯？

利布：（看看他的姐姐）沒，你糊塗了。

媽媽：好，從今天起，不准再用手機！不准上網！不准看電視！家裡什麼都不准用！

莫妮卡：哇，什麼？

媽媽：我要剪斷所有的電線。我們要脫離網路！
利布：媽媽，我好像記得大概三十秒鐘前你跟我們說要做奶油來著。
媽媽：好主意。但不要跟我耍滑頭。
莫妮卡：那我們怎麼擺平疑難問題的爭論呢？
媽媽：比如說？
莫妮卡：比如說，奶油夾心蛋糕是不是真的是蛋糕。
利布：它們不是蛋糕。
媽媽：（吃驚）它們不是蛋糕？
利布：不是。它們從來用不著烤箱，它們是注入化學催化劑的複雜脂類。
媽媽：這就是我們需要切斷電源的原因了，因為它並不是天然的。
莫妮卡：媽媽，那我怎麼做作業啊？
媽媽：老辦法。一枝鉛筆、一張紙和一個算盤。
利布：算盤是什麼？
莫妮卡：我想是一種APP吧。
媽媽：這樣會改善我們的生活。
利布：媽媽，我怎麼跟朋友交談呢？

媽媽：去他們家裡，騎自行車去他們家，就像我小時候那樣。

利布：你是說腳踏車那種東西？帶腳蹬的？我能叫 Uber 嗎？（自言自語）不行，我無法呼叫 Uber，我沒有手機了。

媽媽：這會讓你少操點心。

莫妮卡：媽媽，這不合實際呀，科技是生活的一部分啊。

媽媽：科技不是天然的。

利布：塑膠也不是天然的，你沒法不用塑膠製品的。

媽媽：塑膠不會腐蝕你的腦子，也不會毀掉人際關係。

莫妮卡：我覺得某人的腦子已經被腐蝕掉了。

媽媽：我聽過這句話。

莫妮卡：確實有道理。

利布：媽！我想主修電腦科學，那我就得使用電腦啊。

媽媽：不許頂嘴。我們現在不考慮那個。

莫妮卡：我明白了，媽媽，你是讓科技產品給嚇壞了。不要緊張，我們可以定一些規則，你這樣做太極端了。

媽媽：不到萬不得已，不做萬不得已的事。我是不會把我的孩子交給科技產品的。

利布：你是不會，你會用老辦法失去你的孩子的，我們會統統瘋掉。

媽媽：我不允許科技毀掉我的家庭。

莫妮卡：沒事的，媽媽，我想我們可以折衷一下。

媽媽：不行！機器就是我們的敵人，科技就是我們的敵人。

利布：聽，是莎拉·康納[12]。天網還沒有打開。

媽媽：機器就是我們的敵人！

旁白：跟許多父母一樣，這位媽媽為日新月異的技術對孩子的影響而感到害怕。下面是關於如何幫助孩子在不受技術控制的情況下運用技術，以及如何幫助他們成為負責任的數位公民。

12 《魔鬼終結者》系列電影的女主角。

使用3C產品的理想時間

特別感謝哈佛醫學院精神病學教授，麻州總醫院青少年健康心靈克雷中心的執行董事吉恩·貝雷森博士，他就該議題的一些細節提供了諮詢意見。

挑戰

一九二〇年，當收音機開始流行時，一些人把它當成是新通訊時代即將到來的前兆，但另一些人視其為「洪水猛獸」。許多人認為在家聽音樂或戲劇將取代去劇院和公園裡欣賞，而這將使音樂的公共體驗最終徹底消失。

但是直到一九五〇年，青少年開始用收音機收聽自己喜歡的音樂，並且通過這種共同的體驗，一個完整的音樂流派就此誕生了。青少年利用收音機來建立聯繫，這些方法在成年人看來必定會毀滅現代世界。

一九四八年，全美有三千萬台電話。截至一九六〇年，這個數字達到了八千萬。青少年放學後會先去同學家裡玩，晚上回到家後還要通過固定電話聊上幾個小時，這讓他們的父母再次感到擔憂。

回到現在，皮尤研究中心（Pew Research Center）發現十二到十七歲的青少年中，八十八%的人有手機，九十二%的人每天都上網。

事實1：青少年會使用最新的科技產品相互聯繫。

事實2：父母會為這些最新科技產品對孩子的影響而感到擔憂。

青少年迷戀科技產品，是因為科技產品能幫助他們聚集到有其他青少年但沒有父母的地方（無論現實中，還是虛擬的）。這麼做的部分原因是青少年的心理驅動是走向自主和認同。青春期是孩子探索自己與父母的不同之處，以及自己與同伴相同之處的一段時期，與其他青少年交往會對他們的探索有所幫助。

今天，足足有九十%的青少年在網路上交流。大約六十三%的青少年每天用簡訊交流（此一數字很可能會持續攀升），五十%的青少年每天至少登錄一次社交媒體，而二十二%的青少年則高達十次以上。與此同時，成年人，譬如他們的父母和祖父母，卻在為科技對孩子成長的影響而憂心忡忡。

生活在數位時代，父母（和其他關心孩子的成年人）要如何幫助青少年安全健康成長呢？與科技產品的交集多少為宜呢？到什麼程度科技會傷害到青少年呢？

你的目標

幫助孩子成為一個全面發展，能夠與科技產品共存但不被其左右的人。

會發生什麼

孩子會反抗。幾乎八十八％的青少年用手機上網，對他們來說，手機並非科技設備，而是交際設備，他們主要通過科技產品跟朋友或同伴保持聯繫。（青少年也會使用科技產品來消費無數的寵物表情包，我也這樣，所以不做評判。）

所以，當你開始討論要限制孩子使用手機時，他們覺得你是在對他們的友誼和認識世界的能力進行攻擊。這種感受是有道理的。想想，如果讓你把手機調成飛行模式長達好幾個小時，你難道不覺得煩躁不安嗎？明白了這一點，那麼在談論孩子用手機的時間限制時，就要設身處地為他們考慮。

要跟孩子解釋，你知道用手機與朋友聊天交往對他們來說是多麼重要，但擁有手機是他們的一個優待而不是應得的權利。如果你承認他們的需求，並且誠懇討論你的擔憂，你會收穫很多。記住，在這一點上你掌握著主導權。手機就是他們的命根子，利用這一點與孩子共同商定一些清晰合理的規則。我會在本章稍後部分告訴你具體怎麼做。

所有父母都想知道，孩子每天使用科技產品的時間具體應該以多少分鐘為宜。成年人擔心有那麼一個神奇的限度，如果孩子吸收的媒體訊息超過了這個限度，他們就會變成沒有思想的機器人。但是，要確定一個適於所有人的時間限度，實在要考慮太多的變數了，根本不存在這麼一個神奇的限度。這就像問：「我該從銀行帳戶裡提領多少錢呢？」對某個人來說，領一百美元正好。但是對另一個人來說，領一百美元太多了。

關鍵在於，每位青少年獨特的學習方式，注意力穩定性，處理資訊的速度，以及完成生活中其他重要目標的能力，這一切構成了一個遠比簡單的時間限制更加微妙的綜合體系。確定這個時間限度需要父母對孩子進行密切的觀察，應該基於父母的直覺和孩子整體健康，而不僅僅是一個說不清楚的數字。

怎麼辦

一、了解孩子。家長問的第一個問題總是：我家孩子每天最多可以花多少時間在螢幕上啊？這是個好問題，但是有個更好的問題是：我家孩子在處理最緊要的事情上進展怎麼樣啊？這些事情包括：

- 學業優秀
- 參與家庭事務
- 花時間與朋友在一起
- 花時間從事自己的愛好
- 有足夠的運動
- 有充分的睡眠

如果孩子不與他人交往，不與朋友或家人交流，卻花大量時間在自己房間玩手機，這就是個警訊。如果孩子為了玩電玩而不吃飯或不參與家庭活動，這也是個警訊。如果孩子徹夜不睡或者早上睏得起不來，這同樣是個警訊。還有，如果孩子的成績正在下滑，那麼上述各種情況表明，你需要認真考慮孩子使用科技產品引發的健康問題，並跟他好好談談了。

一旦孩子花在手機上的時間影響了他們的健康成長，這個時間就有問題。試試回答這個問題：「我的孩子在發展社會適應能力的關鍵方面做得怎麼樣？」如果他做得很好，你還得問自己：「我為什麼要擔心這問題呢？」答案是「或許你不應該為此擔心。」但是，如果你直覺懷疑或擔心孩子的總體健康有狀況，或許你就該認真考慮此事，並與孩子進行深入的交談。

二、**晚上不能用手機**。青少年喜歡晚睡是有其生理原因的。每個人的大腦中都有一組被稱為視交叉上核的神經細胞，這些細胞就像時鐘一樣，會告訴人的身體什麼時候該清醒，什麼時候該休息。奇怪的是，儘管人在青春期所需的睡眠僅次於嬰兒時期，但在這個階段，人的生理時鐘和晝夜節律卻比其他任何階段都要晚。青少年的大腦更適合在夜間處理訊息並鞏固白天學習的內容。所以，如果你的孩子是個夜貓子，那很正常，那是由生理原因造成的。

上面是個好消息。壞消息是當人的視神經接收到螢幕（任何螢幕）發出的紫外線光時，就會向大腦發出訊號：現在還不到休息的時候。實際上，此刻已經是晚上十點了，外面已經漆黑一片。所以，看螢幕會干擾孩子的睡眠。

不要讓孩子在晚上使用手機，這會造成他們晚睡。有個辦法就是在家裡專門闢出一個充電的地方，每天晚上八到十點之間就讓他們把自己的手機、平板電腦以及其他電子設備放到那個地方充電。這樣不僅讓孩子在晚上不再老惦記著這些螢幕設備（給朋友發訊息、無止境瀏覽影音網站之類的行為），而且有助於讓他們的睡前節奏放緩。我在家裡曾以身作則，特別限定自己使用3C設備的時間並告知家人約束我。

三、**利用媒體帶入有意義的談話**。如果你和孩子已經就使用手機等設備，確定了你們滿意的基本原則和時間限度，那就要利用媒體及時了解孩子的所思所感，談論他們看到的內容。如果你很靈活機敏的話，你就能抓住時機，假裝不經意跟他們好好聊聊。有三個重要的時間段可以讓你很輕鬆的跟孩子聊他們在媒體上看什麼：開車時、吃飯時和晚上時間。比如，你可以問孩子：

- 我知道你特喜歡那部電影，是什麼讓你這麼著迷呢？
- 那個角色啊……有些人覺得他並不是個英雄，你覺得呢？
- 真有意思，我們倆都喜歡這部劇，你為什麼這麼喜歡啊？
- 大家都在議論某某名人說的那些話／做的那件事，你怎麼看呢？
- 你看到（插入最近的新聞或政治事件）了嗎？群情激奮啊！你覺得那些人是不是做得有點過分了？還是他們有道理啊？

問問孩子他們喜歡哪些樂團歌手，向他們要一段該樂隊的影片。讓孩子就他們關注的新聞事實發表看法。你們甚至可以討論媒體本身，問你的孩子：

- 你覺得我使用3C的習慣怎麼樣？
- 你注意到我做的事情哪些是健康的或者不健康的？

接下來你只要傾聽，讓孩子對你的生活發表看法本身就是對他很大的激勵。孩子需要父母的幫助，以掌握合理使用3C媒介和進行社會交往所需的技能。談話是幫助他們非常好的辦法，同時也是進行有意義交流的好辦法。

幫助孩子斟酌他們在網上發布的內容

挑戰

有一天，你的孩子會從一個通過網路觀看影片和聽音樂的消費者，變成一個網路內容的創造者。年輕一代對參與並促進社交網路的熱情高漲，有五十五%的青少年曾在社交媒體網站上發布過自拍照。根據皮尤研究中心的調查結果，年齡在十二到十七歲之間的青少年網路用戶中，二十七%的人曾經在網上發布過自己拍攝的影片。

網際網路已經成為一種強大的社會聯結形式，它讓人們以無法想像的速度進行自我表達，但是問題也層出不窮。

幾年前，在一家漢堡王連鎖店，一位來自克利夫蘭在此打工的青少年拍了一張照片，照片中他把雙腳伸進了一個盛放萵苣的箱子裡，而萵苣是做漢堡的食材。他把照片匿名貼到了網上。沒事是吧？錯。漢堡王連鎖店負責人看到了這張照片並嚴查此事，最後在他手機上查到了那張照片。不光他本人被解雇，漢堡王公司把他所有的同事都解雇了，一個不剩。嗨，兄弟，你自己看著辦吧。

然而，一時糊塗不僅會讓你在漢堡王的職業前景變得黯淡。社交媒體出現後見證了青少年參與的各種網上挑戰。其中一些挑戰具有危險性，就像「鹽＋冰挑戰」：這個挑戰要求青少年以影片記錄自己用鹽和冰擦拭皮膚的整個過程，看誰能忍住疼痛堅持到最後。印第安那大學瑞雷兒童醫院的醫生表示，在這次挑戰中，一些青少年二度燒傷，更嚴重的需要接受植皮手術。

以上情況是今天的青少年必須引以為戒的，說實在的，在以前這些事情你我根本不必顧慮。正如最近一位家長跟我談話時所言：「我三十多歲的時候，最棒的一件事就是我做的所有蠢事都是在網際網路盛行之前。」

這樣的話可能會讓你覺得好笑，但是在當今世界，孩子在網上留下的數位足跡可不是什麼好笑的事情。他們的貼文、寫的東西和上傳的內容可能讓他們受益終生，也可能會貽害無窮。你有責任引導孩子在這場新技術浪潮中做出明智的選擇，幫助他們懂得：參與社交媒體是他們的一項特權，可是他們需要對自己的言行負責。

你的目標

引導青少年認真看待他們在網上發布的內容，仔細考慮這些內容將來可能產生的影響。

會發生什麼

對青少年來說，網路是專門用來社交的，不只是娛樂或學習的地方，而是一個交朋友的地方。但是跟社會生活的其他方面一樣，青少年在社交方面也要不斷嘗試。網路上有不可勝數的內建社交獎勵機制，它們會鼓勵你的孩子發布一些內容，像是自拍照、給朋友評論和按讚等。

但是青少年的大腦尚在發育中，他們還沒有成年人那樣的人生閱歷，所以經常會踰越正常的社交界限。他們通過做不該做的事情和犯錯來學習和成長。但問題是，網路會把他們所犯的錯誤全部記錄下來。

孩子可沒考慮這麼多。有些事情根本不在他們關注的範圍之內，比如說，財產稅或者消費者物價指數對全球經濟的潛在影響，以及網路上包含著的各種危險。另外，網際網路已經觸及社會生活的各種層面，但大多數青少年只能模糊意識到這些潛在問題。

比如，他們不會思考把清晰顯示著自家位址的照片發布到網上可能帶來的後果，他們肯定也想不到自己發布到網上的形象會對將來上大學和就業產生影響。他們一心只想著獲得更多按讚數，被分享和評論。

然而好消息是，你握有主導權。最初的某個時間，你的孩子還沒有3C電子設備，他想要一部這樣的設備。利用好這個機會！這是個絕佳的時機，你可以與孩子認真探討他們將來發文分享的內容，以及這些內容會對他們的未來產生怎樣的影響。

不要擔心。即使孩子已經有3C電子設備了，那十有八九也是做為父母的你買給他們的，你可能還在為他們的手機支付各種費用，他們還住在你的房子裡，而且他們是造成你分娩時長達十幾個小時陣痛的原因。

不要覺得信心不足。記住，青少年擁有手機並非受美國憲法條款保障的不可剝奪權利。

怎麼辦

一、**幫助你的孩子意識到，這是他們的公開簡歷**。未來的學院、大學和雇主會查看孩子的數位痕跡，而且他們會據此做出決定。在最近的一次調查中，七十七%的雇主說他們會使用搜尋引擎來了解潛在的候選人。這些上網搜索候選人的雇主當中，三十五%的人曾根據網上發現的不良資訊淘汰過候選人。

面試已不是從你走進門去與面試官當面交談開始了，而是從雇主將你的名字鍵入 Google 搜尋引擎開始的。

試著這樣對孩子說：「這些話也許聽起來很荒唐，但你遲早要去賺錢成為獨立的大人，這時候你就要找份工作。你將來的雇主會用 Google 檢索關於你的資訊，所以想想你正在發的文，它可能會讓你錯失將來的工作。你應該不想跟我待上一輩子吧。」

二、**教他們如何使用「祖母批准篩檢程式」**。幫助青少年對其在網上發布的內容進行更全面的考慮，是自我管理至關重要的一點，提升這種能力的辦法就是導入「自我篩檢程式」的概念。具體來說，就是要他們停下來、深呼吸、審慎思考他們想發布和發送的內容，亦即用一個令人難忘的問題來過濾他們的決定。我最喜歡的問題是：「如果我發布這樣的內容，我祖母會同意嗎？」當然，前提是他們的祖母不是一個髒話連篇、菸不離口、因吸食大麻而病懨懨的種族主義者。只要他們的祖母是那種典型的和藹可親的老人，那就沒有問題。

試著跟孩子這樣說：「在你上網發文之前，問問你自己，『祖母看到我的發文會覺得我很酷嗎？』要是祖母看見你正在威脅那個你不喜歡的孩子，她會高興嗎？要是你上傳了一張只穿著運動胸罩站在浴室鏡子前的照片，祖母會喜歡嗎？」這個辦法可以幫助孩子衡量到底什麼內容可以發，什麼內容不可以發。

三、**告訴孩子發文之前再三思考**。有一個源自貴格派（一個基督教派別）的老故事，名字叫

「三個篩子」。故事中，一個男孩跑回家告訴媽媽自己聽到的一個傳聞。當他講到一半的時候，媽媽打斷他的話，讓他把這個故事用真相、善意和必須這三個篩子進行過濾，這樣就能分辨出這個故事是否值得講給別人聽。這位母親的建議，對於生活在數位時代的我們仍然適用。

一組有用的首字母縮寫詞（現代版的三個篩子，前提是你願意嘗試），可以幫助孩子過濾並審慎考慮他們要發到網上的東西。

T：它是真的（true）嗎？網路世界有不計其數的假資訊，還有不計其數、一眼就能看穿的錯誤資訊。在你傳播資訊之前（不管是一篇新聞報導還是關於同伴的資訊），一定要確保該消息是真實的。

H：它有用（helpful）嗎？你發布的內容有沒有實用價值，會不會產生積極的影響？不要像那些網路擾客一樣，發文的唯一目的就是害人。「有益的」反義詞是「有害的」，請遠離後者。還有，為了讓你更清楚理解，我補充一點：貓咪影片是有益的，因為貓咪給這個世界帶來了縷縷純淨的陽光。

I：它能傳播正能量（inspiring）嗎？文字有決定生死的力量，你今天說的和敲的文字會對周圍的人產生什麼樣的影響呢？確保你的文字會給他人的一天帶來一絲元氣，給予他人希望，促進理解，傳遞正能量。

N：它是必須的（necessary）嗎？有想法並不意味著一定要說出來，有時候沉默反而是更好的選擇。有人在網上故意引發口水戰或者故意挑起事端，並不意味著你非得要加入其中。

K：它是善意的（kind）嗎？網路上大量輿論的口吻是刻薄無情的，盡你自己的力量來扭轉這一局面。肯・范・米特爵士說過一句著名的話：「一件事會有兩種表達方法，其中一種是善意的。」你一定要選擇「善意」的那一種。

備注：我們做了一張時尚的小海報，你可以下載[13]並把它列印出來，提醒你和孩子。或許你可以把這張精美的藝術品掛到你電腦所在區域的牆上。

13 連結至 joshshipp.com/ggth 下載「THINK」海報。

幫助孩子認識色情內容的危害

特別感謝克雷・奧爾森，他創辦了旨在教育年輕人認識色情內容種種危害的非營利性組織，以抗擊新毒品，他就該議題的一些細節給出了諮詢意見。

挑戰

在我們這個時代，青少年要面對的色情內容，無論程度或規模都超過以往任何一代。問題已經不再是孩子是否會碰到色情內容，而是何時碰到。在過去，青少年能接觸到的僅有的色情內容，大概是家裡叔叔放在地下室的幾本《花花公子》舊雜誌。而現在，色情內容無處不在。網際網路的崛起使色情內容以前所未有的規模滲透到了世界各個角落。全球最大的一家成人網站透露，它每小時的訪問量為二百四十萬人。僅二〇一五年一年，全球訪客觀看該網站內容的時間達到了四十三・九億小時。

我們要知道的是：有相當多男女青少年對性，也對色情內容，興趣高昂。有一部分青少年一接觸此類內容就無法自拔了。還有數量不明的一些青少年開始相信，他們在色情作品中看到的是正常的性行為。被問及「父母跟你談論有關色情內容問題的時候，你希望他們知道哪些事情？」時，一些青少年回答如下：

- 「我希望父母明白，羞辱我只會讓我在背地裡偷看這些東西。」
- 「我希望父母私下處理此事而不是回避它。」
- 「我希望父母知道有時我們身不由己，我們想改但是有時候我們就是無法自拔，不知道該向誰求助，怎麼求助。」

在現代世界如何應對色情內容，已經成為青少年成長的一個中心議題。

你的目標

與孩子探討色情內容，幫助他們認識色情內容的危害，提供他們在瀏覽充斥著色情內容的網路世界時所需要的工具。

會發生什麼

要相信你做為父母的直覺。密切注意可疑的上網行為的警示訊號。如果孩子開始不正常吃飯、熬夜、在臥室鎖門、習慣性刪除瀏覽紀錄，或者在解釋自己上網做什麼時語無倫次、聲音發顫，那你們應該談談了。

而且，你應該要比你預想的更早與孩子談論此事。一個人接觸到色情內容的平均年齡是九歲，在你的孩子有機會接觸到網路的那一刻，你就要開始與他就性和色情內容進行與他們年齡相稱的談話了。

對於年齡稍小的青少年，可以考慮把電腦放在家裡的公共區域。這樣可以幫助你監督和記錄孩子瀏覽的內容。許多家長在電腦上安裝了阻斷程式或者篩檢程式，但是沒有一個系統是百分之百安全的。

嘗試跟孩子說：「要是你看到有什麼好像不適合你的內容，請來告訴我。」讓正值青春期或尚未進入青春期的孩子知道，這樣做他們不會有麻煩。你只是在努力確保當孩子上網的時候，那些色情畫面不會出現。

如果孩子正在努力擺脫色情內容的誘惑，你可以幫他一把。因為青少年大腦的神經尚未發育完全，徹底擺脫色情內容的困擾不僅是可能的而且可能性很大。比如，我曾經與許多年輕人談過，他們流著眼淚描述自己是多麼想停止訪問色情網站。他們當中的每一位，都曾經在網上瀏覽色情內容到痴迷的程度。

每一個成功掙脫色情網路控制的故事都始於公開談論這個話題，接著大家集思廣益，之後採取深思熟慮的步驟，把整套措施安排到位（像是安裝過濾軟體、電腦只能擺放在公共區域、每日在指導者處簽到），這些步驟使得他們成功。

在如上幾類情況中，你必須克服羞恥感。幫助孩子明白做某些事情是錯的，但同時又不能讓他們覺得是自己做錯了，這確實很難。即使你知道孩子一直在看色情片，你在跟他談話時也得慎重。孩子很可能會感到內疚，就是那種人們自省時，發現自己做了有悖於自己價值觀念的東西，而在心理上產生的不適感。

在那種情況下，內疚是一種好的、有教育意義的情感，會幫助我們意識到，我們不該做那些會導致內疚的事情。但是羞恥感不同，這是一種很糟糕的感覺，是認為自己不正常，不值得被愛和與人交往的想法，羞恥感對事情的解決沒什麼幫助。青少年出於本能在生理上對性方面的事情感興趣，這是他們成長的一部分。將羞恥感與性行為摻和調出的永遠是難喝的雞尾酒。所以，當你開始跟他們談論色情相關的話題時，要注意說什麼話以及怎麼說。

請注意：孩子絕對不想和你就這個話題深入交談。如果你已經發現孩子一直在看色情片，讓他們自願坐下來跟你詳談這件事幾乎不可能。在這種超難堪的情形下，父母不妨先跟孩子做一個簡短的引導性的談話來打破僵局，為後續談話做好鋪墊（用以談論細節）。或許你的孩子不會多說，但是他會思考你說的話。

怎麼辦

如果你懷疑孩子曾看過色情內容，那你就要為一次至關重要的談話做好心理準備了。如果你不跟孩子談論這類事情，他們會從其他不太可靠的地方獲得相關資訊。你要確保為這次談話做好了充分的準備，如果貿然談論此事，可能會失敗收場。想想林肯總統的這句話：「給我六個小時的時間砍倒一棵樹，我會用前四個小時磨斧子。」準備好後，你選擇一個合適的時間和一個僻靜的地方跟孩子談論此事。

可以這樣開始你們的談話：「你知道，關於電腦使用，我們定的一條規矩就是我要定期檢查你的上網紀錄，我注意到你曾訪問過一些成人網站。我這麼說不是讓你為難，只是想確保你理解與這種內容相關的一些風險。我們這場很尷尬的談話大概需要八分鐘時間。」

話題1：色情內容的誘惑力讓人難以抗拒，讓我來解釋原因。

（做為家長）你該知道的事實：觀看色情內容是一種會愈演愈烈，最終讓人成癮的行為。

孩子跟地球上其他人一樣，他們大腦的中心有一簇被稱為伏隔核的神經細胞。當人們做了令自己滿意的事情時，比如吃了一頓大餐或者贏得了競賽，這個「快樂中樞」會釋放出讓人愉快的化學物質。有個問題是，這個快樂中樞有時會被欺騙或綁架。當青少年被色情內容激起性欲時，他們的大腦就會釋放一種能帶給人快感的化學物質多巴胺。多巴胺經過大腦時會留下一條路徑，將性快感與看色情內容聯繫起來，基本可以描述為：「這種感覺太妙了，讓我們記住怎樣返回來。」青少年愈是看色情內容，大腦中這樣的路徑就愈多，他們就愈是不由自主的看色情內容。這與吸毒上癮類似。

跟孩子這樣說：「性是一種自然的生理本能，它能產生各種極強的欲望，它可以喚醒非常強烈的感覺。成長過程中，有時候我們對性欲是無法抗拒的，就好像被牽引光束控制住似的。但是要深刻思考這些感覺，也是成長過程的一部分，也就是說，你應該要開始用身體的其他部分進行思考。」

這些話的含義：你應該要好好思考清楚自己的性欲望和感覺；同時，你不應該讓性欲控制你的行為。

適度向孩子展示自己脆弱的一面[14]。與孩子分享一個發生在你身上，有關這幾種讓人困惑

---

14 如果你的「適度脆弱」是這樣開頭的：「你知道，你媽媽和我……」經歷那種尷尬真不如讓孩子用電擊棒直接給你一下。

的性欲望的故事。你是否曾經屈服於這些感覺，但為此而後悔？你是如何學會應對的？如你所知，講述這樣的事會令人極其尷尬。不過，為了孩子的心理健康，再尷尬也得講，但不要把重點放在細節上，而是放在你從中學到了什麼。

話題2：色情內容對性的描寫，扭曲了真實健康的性行為。

（做為家長）你該知道的事實：現實生活中，真正的愛以真實的人為對象。色情內容展示了性愛的表達，卻缺失了人類性行為中真實且富有人性的諸多方面。色情內容給青少年提供了一個研究者稱之為說明人類性行為過程的「社會腳本」。問題是，這個腳本有重大缺陷。色情內容有一個共同的腳本：只考慮男性的性需求。色情內容是走極端的人格物化，而且它宣揚的觀點是愛不必建立在親密和尊重的基礎之上。現實中，迷戀色情內容的習慣會嚴重損害人們付出真誠、無私、有意義的愛的能力。這通常意味著，到最後，這些人與色情內容中那些人相差無幾了。

跟孩子這樣說：「我很擔心。我擔心觀看這些影片會讓你認為這就是真實的性行為。我年齡比你大，所以我可以告訴你：性不是這樣的。色情內容中的性都為了人的肉體而利用他人，但那不是健康的性行為。健康的性行為從來都不是利用某人來獲得你想要的東西。它是有關疼愛、關懷、分享和建立親密關係的事情。」

這些話的含義：健康的性行為從來不會索取、竊取或利用。色情內容並不代表健康的性行為，因為健康的性行為是建立在親密關係、共同分享和真情付出的基礎之上。

適度向孩子展示自己脆弱的一面：談論一次你曾目睹或經歷的不健康的性行為，說明這樣的性行為如何傷害和利用他人。談論你曾目睹和經歷的健康的性行為。

話題3：讓我們談談可以採取哪些措施

（做為家長）你該知道的事實：做為家長，你可以充分利用各種技術手段。毫無疑問，你想協助孩子選擇健康的方式而不是通過上色情網站來了解性的相關知識，這一點非常重要。教孩子安裝並使用阻止成人內容的過濾軟體是個不錯的主意。這道理跟你想要健康就不會在家裡儲存洋芋片大致相同，因為你不想一時忍不住就吃掉一整包。還可以安裝問責軟體，它會將孩子每天上了哪些網站整理一份報告給你，這可能是一個促使你做出明智決策的好方法。

跟孩子這樣說：「關於上網，我們達成一致的協議裡，我們都同意不看色情內容。你想想我們怎麼做才能共同實現這個目標呢？」

這些話的含義：我們頭腦清醒時可以做出明智的決定。

適度向孩子展示自己脆弱的一面：我們鼓勵家長在自己的手機和電腦上安裝問責或過濾軟體，向孩子表明自己以身作則。利用過濾軟體將那些令人反感的內容阻擋在家庭路由器之外，讓孩子明白你堅決不允許此類內容在家裡存在，對每個家庭成員都一樣。別忘了孩子的手機是你手中的一張牌，所以在給他們手機之前跟他們談清楚，要確保不看色情內容是一個需要共同遵守的原則。

更多坦誠的交談

每次選取下面一個問題，開啟你與孩子關於健康性行為和性關係的談話。設計這些問題的目的，是讓你抱持同理心去傾聽孩子對於人際關係和性行為的真實看法。希望他們會讓你問各種問題，以便進一步弄清楚他們的想法。

最後，在交談的過程中，這些問題可能會給你創造機會，使你能夠清楚闡述自己的體驗、是非標準以及這些思想的形成過程。如果這一切順利完成，不會讓孩子感到羞恥和威脅，談話就會成為積極的互動。

- 在你看來，除了身體特徵外（可愛、帥氣），你想約會的那個人身上還有哪些因素或特徵是最為重要的？
- 當你想像未來的丈夫或者妻子時，你希望他／她具備什麼樣的特徵？如果現在讓你把這些特徵列出來，你覺得哪個最重要？

- 按照你的生活經驗，你覺得一種美好而長久的關係或者婚姻中最重要的兩個要素是什麼？
- 性是兩性關係中的一個層面，你覺得在兩性關係中，性行為帶來的兩個主要好處是什麼？
- 你聽說過不當性行為對人造成重大傷害的事件嗎？
- 你認為「健康」性行為和「不健康」性行為的區別是什麼？
- 想想你自己和周遭朋友，你覺得大多數青少年是從哪裡了解到與性有關的事情呢？
- 我們生活在一個性資訊氾濫的社會，這與我小時候的社會氛圍大不相同。你覺得這會對你的同伴或你們這代人產生哪些影響呢？
- 如今色情內容隨處可見，你覺得這對你們這一代人有負面影響嗎？為什麼？
- 關於性，你認為對大多數青少年來說最困難或最令人困惑的是什麼？
- 是什麼讓你對性行為感到困惑？

幫助孩子應對網路霸凌

特別感謝艾莫利大學醫學院、喬治亞醫學院、摩爾豪斯醫學院精神病學教授迪翁·梅茨格博士，他就該議題的一些細節提供了諮詢意見。

挑戰

在你的成長過程中，對惡霸的印象大概就是校園裡那些強悍的傢伙，他們會命令你交出午餐錢或者其他東西。事實上，即使是文藝作品中最著名的惡霸也符合大眾想像中的特定模式。不管是《哈利波特》系列裡心胸狹隘、話裡帶刺、極富自我優越感的跩哥·馬份，還是《回到未來》三部曲中高傲又自私的畢夫·譚能，或是《凱文的幻虎世界》（*Calvin and Hobbes*）系列漫畫裡身穿皮夾克、思想單純、蠻橫無理的莫，對大多數成人來說，惡霸最基本的共同點，是他們會通過威脅、譏諷、推打、揮拳等方式在現實世界裡欺負別人。

的確，在畢夫生活的一九五五年，大部分霸凌行為發生在現實世界裡。但是，對於今天的大部分青少年來說，情況卻不同了。如今，僅有約二十％的青少年霸凌行為發生在現實世界。那麼絕大多數情況呢？網路霸凌。

當然，這並不意味著身體和言語上的霸凌已經從校園裡徹底消失了。這個議題我們在本書最後一部分單獨討論。

孩子經歷網路霸凌的可能性很大，大約有五十二％的青少年說他們曾遭受網路霸凌。目睹網路霸凌行為的青少年中，九十五％說他們未予理睬。但是，不理會並不會讓這種行為消失。

你的目標

幫助孩子面對網路霸凌，並且掌握對付網路惡霸的各種策略。

會發生什麼

網路霸凌事件大幅增加，原因之一是從心理上來說，霸凌更容易實現了。你不必一直盯著某個人的眼睛。而且，網路霸凌可以通過匿名進行，更加助長了那些使壞的青少年的氣焰。

青少年在網路上霸凌他人，是因為他們不會去考慮自己的行為會給他人帶來什麼樣的負面影響。青少年大腦中調和衝動的組織（前額皮質）還未發育完全，所以容易衝動。成年人常常會考慮霸凌行為帶來的後果（別人的感受），青少年卻沒有足夠的生活閱歷來這樣做。加上網路惡霸很少看到他們在網上的評論對被欺負者的影響，於是就產生了眼不見心不念的情況。

然而實情則是孩子很可能將網路惡霸的評論當真。當孩子還小，聽到別人評論他們的話時，常常會去問父母這些評論是否正確。「媽媽，某某說我蠢。」這時，父母說的話舉足輕重。但是隨著孩子長大，並意識到他們的世界裡有各種各樣的聲音和影響，他們就會愈來愈看重別人對自己的看法了。

所以當青少年受到欺負時，他們極可能將這些侮辱記在心裡。據青少年的回饋，他們受欺負最常見的原因是容貌（五十五％）、身材（三十七％）和種族背景（十六％）。你要做的就是要盡力幫助孩子了解到他們並沒有做錯事情，而且，他們本身沒有任何問題。網路惡霸常常在網上四處遊蕩，尋釁挑事。一不小心，你的孩子就會在無意之中受到欺負。

怎麼辦

一、不要對發生的事情輕描淡寫，更不要責備孩子。網路霸凌常常會引發人群圍觀。對於孩子來說，這無異於當著全校師生的面，在麥克風前被欺負一樣，這與體操課後在更衣室受到欺負有天壤之別。千萬不要輕視孩子可能感到的恐懼、焦慮和羞辱。要知道，青少年在偶然受到網路霸凌之後的心理傾向是自責。絕對不要有「這是他們的錯」之類的暗示，因為這樣會不經意間增加他們的羞恥和尷尬。這對孩子來說像是一種懲罰，而且他們會後悔告訴了你這一切。

二、**幫助孩子明白，網路惡霸想得到的其實是回應**。網路惡霸就是想吸引眾人的關注，而青少年最常見的反應就是對侮辱進行回擊，有一種「你傷害我，我也要報復你」的思維。如果可以的話，教孩子明白只要他們不上這個當，網路惡霸就不會得逞，自然就會走開。這一點孩子需要你的指導，如果孩子因一時氣惱或者委屈進行回擊，事情很快就變成一場陣地戰。網路惡霸會招來更多的人，最終會達到他的目的：有人回應。

三、**教孩子如何封鎖這些混蛋**。如果有人在欺負你的孩子，那就要教他們如何馬上把那個人封鎖在自己的社交圈之外[15]。如果你的孩子壓根不認識或跟那個人沒有任何關係，這點尤其重要，你可以在各種社交媒體平台上找到有用的資源來一步一步指導孩子怎樣封鎖某個人。

四、**教孩子哪些聲音要調高，哪些聲音要調低**。如果網路霸凌不斷侵蝕著青少年積極的自

---

15 當孩子慢慢長大，對有人給狗穿毛衣是否有意義感到納悶，並在網上表達自己的疑惑，結果被惡意攻擊為「反對讓狗狗溫暖」的法西斯份子，在這種情況下使用這個方法是很有效的。

我形象，這種情況下，他們就會覺得壓力重重（這不會是最後一次）。告訴孩子當他有這種感覺時該怎麼辦。在這種情況下，找幾個可以信賴的人（夥伴和成年人）客觀評價孩子是非常重要的。這些評價應該既有肯定的（「你有超棒的幽默感」），也有批評的（有些時候，你在一個新環境裡的做法可能會讓人生氣）。這樣說：「瞧，攻擊你的人壓根就不認識你，所以你要有意識去調高認識你的人的聲音，讓我們把這些人列一個名單。」

五、如果出現了人身傷害威脅，要立刻介入。在出現了人身傷害威脅的情況下，你做為成年人必須要有所反應。這種威脅可能是籠統的（「我要殺了你」），也可能是具體的（「我要去你家給你一槍」）。不要以為這是閒扯而不當回事。立刻報警，同時向校方報告此事。你必須嚴正看待這些威脅的言論。

六、建議諮詢。問你的孩子這個問題：「這件事你跟別人談談會有幫助嗎？」如果孩子的回答傾向於肯定，就帶他去接受諮詢。雖然我們覺得孩子沒錯，但是我們認為進行諮詢是非常好的。因為諮詢會使青少年獲得一個明確的盟友和家庭之外的支持，還會幫助他們找到一個嚮導，能讓孩子明白自己的羞恥感和內疚完全沒有必要。此外，諮詢可以幫助孩子發現自我，重新鼓起勇氣。

青少年群體狀態：恃強凌弱

最常見的恃強凌弱方式[16]

- 奚落（六十六％）
- 辱罵（六十六％）
- 嘲笑（四十四到四十九％）
- 造謠（三十六到四十二％）
- 人身攻擊（二十四到二十九％）

九十％以上的孩子在上三年級之前就在使用網路了。

擁有手機的孩子比例

16 數據、圖表和研究報告均由美國麻州攻擊行為處置中心提供。

- 三年級：二十％
- 五年級：三十％
- 初中：八十三％
- 高中：八十六％

網路霸凌數據

- 十％初中生曾被人高聲辱罵過。
- 十一％青少年曾被人偷拍過讓自己覺得難堪的照片。
- 二十五％青少年曾在電話或網路上被人多次欺負。
- 使用社交媒體的青少年中，五十五％的人說曾經目睹有人利用媒體公開欺負他人。
- 五十二％青少年承認自己曾在網路上欺負過他人。
- 二十％青少年經常遭受網路霸凌。
- 五十％青少年受到網路霸凌時沒有告訴父母。
- 八十八％的青少年曾目睹自己的同伴在網上以無情和卑劣的態度對待他人。
- 曾受到網路霸凌的青少年中，三十三％的人說網路惡霸對他們發出過威脅。
- 曾目睹網路霸凌的青少年中，九十五％的人裝作沒看見。

網路霸凌的長期影響

網路霸凌會傷害到涉事的每一個人，受霸凌者和網路惡霸成年後罹患精神疾病的風險要比常人高得多。

受害者：

罹患焦慮症或焦慮障礙的機率是常人的四到五倍。

網路惡霸和受害者：

罹患抑鬱症的機率是常人的四倍。

罹患焦慮症的機率是常人的十八倍。

有自殺傾向的機率是常人的十八・五倍。

網路惡霸：

罹患反社會人格障礙的機率是常人的四倍。

辨別網路霸凌

惡意攻擊：通常在利用社交媒體進行即時通訊交流或電子郵件往來的過程中出現激烈的攻

擊他人的行為或言論。常常是許多人聯合起來欺負一個人，集體羞辱，或者用攻擊性、冷酷無情、嘲諷的評論將受害者的發言淹沒。

偽裝身分：這是一種經過精心準備的網路霸凌行為。霸凌者編造虛假的電郵位址（或社交媒體帳號）或利用他人的電郵、手機或移動帳號偽裝成某人，然後在網上霸凌他人。霸凌者用這種辦法掩蓋自己的真實身分。

跟蹤騷擾：利用電子通信手段反覆騷擾或恐嚇某人。比如，發送恐嚇電子郵件。社交媒體和資訊服務給跟蹤騷擾者提供了新的機會來接觸、跟蹤並騷擾受害者。

公開隱私：將個人私密交流內容，比如簡訊、電子郵件或即時訊息公之於眾（或傳播出去）。將私密內容發布在網上並將其傳播，可能會帶來害處極大的社會影響。

網路釣魚：拖餌釣魚這個詞是捕魚專業術語，指的是在行船後面拖著魚鉤和魚線，引魚上鉤。這裡是指有人故意在網路上發布冒犯或煽動性的內容，目的只是為了引起別人不快或憤怒的回應，這就是網路釣魚。

學校教育的種種挑戰

畫面漸顯：室外，獨棟住宅，週四下午大約兩點三十分。

畫面溶卒：室內，客廳。

媽媽，一位真誠的五十五歲上下的女士，優雅而正直。

爸爸，肚子上有點贅肉，鬍鬚斑白。

馬庫斯，他們的兒子，一個十九歲的青年，穿著一條破舊的牛仔褲和一件印著「邋遢的納夫牛牧民」字樣的T恤。

爸爸：有什麼事嗎？

媽媽：馬庫斯，你讓我好緊張啊。你在電話裡聽起來那麼嚴肅。

馬庫斯：（有點緊張）啊，媽媽，爸爸，我有事要告訴你們。

爸爸：肯定沒好事。

媽媽：你是不是有女……
馬庫斯：不是！聽我講，好嗎？我要說的你們可能有點不想聽。
媽媽：好吧。
馬庫斯：我討厭我的大學。
媽媽：你討厭你的大學？
馬庫斯：不是因為學習太難，是我討厭學校。

> 據大學輔導員的意見，大學生在學校裡狀態不佳的主要原因並不是學習成績不好，而是不清楚自己的長遠目標和選錯了科系。

馬庫斯：就因為這樣，所以我這學期學得很不好，一點也不好。
爸爸：你學得不好？
馬庫斯：不好，事實上，我會被當掉。
爸爸：被當掉？你知道上大學要花多少錢嗎？去年，光你的學費我就掏了二萬二千美元。這些錢足夠我買輛BMW開了。
媽媽：親愛的。

爸爸：我是說，那筆錢足夠給你媽媽買輛BMW開了。

媽媽：（狠狠瞪了他一眼）你爸爸的意思是上大學要花好多好多錢。

馬庫斯：我懂。那是你們的錢。這個我懂。可是我覺得我討厭學校是有原因的。爸爸，你曾經跟我說過你大學第一年就過得特別痛苦。

媽媽：沒錯。

馬庫斯：你最初選的主修是傳播通訊。可是你並不知道自己將來想做什麼。

爸爸：對。

馬庫斯：我現在就是這種情況。

> 擔心：許多家長擔心孩子會重蹈他們的覆轍，那些導致他們過得格外辛苦的錯誤。

馬庫斯：所以我要退學。

爸爸：啊，老天！你要搬回來住，是嗎？

馬庫斯：不是的！爸爸！

爸爸：我剛把你在地下室的房間改裝成我的私人小窩了。

馬庫斯：（極力想插話）哦，爸……

爸爸：我放了三台五十五吋的電視。我可以同時看三場比賽！

馬庫斯：聽我說，爸爸！

爸爸：（哀求，轉向妻子）不要讓他搶走我的小窩。

馬庫斯：爸爸！我不會搬回來住的。

擔心：家長擔心孩子經濟上無法獨立，因為獨立生活是一個成年人能否承擔責任的關鍵。

爸爸：（慢慢反應過來）你說的是真的？

馬庫斯：是的。我保證。

爸爸：我太高興了。我還以為你要搬回來住呢。

媽媽：詹姆斯！親愛的，你隨時都可以……

爸爸：過來看看。

馬庫斯：爸，我懂了。我答應，我不會搬回來住你們的房子的，永遠不會。

爸爸：好，很好。

馬庫斯：如果你看到我想搬回來，你可以鎖上門，假裝你們已經搬走了。

媽媽：親愛的，我們永遠不會……

爸爸：會的，我會那樣做的。拉上窗簾，鎖上門。我沒意見。

馬庫斯：我們可以接著談大學的事嗎？

爸爸：可以，談吧。

馬庫斯：我很可能會退學。

爸爸：退學？退學。

媽媽：哦，親愛的……

馬庫斯：我來說一下我的打算。我會在明年春天上另一所大學。與此同時，我會在百靈鳥春天小學當助教，每週末我還會在市裡的兒童醫院兼差。

媽媽：在那裡兼差做什麼？

馬庫斯：實際上，我已經把一切都安排好了。

爸爸：什麼工作？

馬庫斯：哦，我會在醫院裡陪伴那些等著做骨髓移植或者其他大手術的孩子，我的工作就是讓他們開心、跟他們聊天、講笑話給他們聽。

媽媽：醫院提供這樣的服務嗎？

馬庫斯：不是醫院提供的。我們是非營利性的組織。
媽媽：這個組織叫什麼？
馬庫斯：小丑護理。
爸爸：小丑護理？
媽媽：嗯，你做小丑？
馬庫斯：是的。
爸爸：戴著紅鼻頭做雜耍？
馬庫斯：沒錯。
爸爸：太棒啦。肯定會有人問我（假裝在跟別人談話）：「馬庫斯在學校裡怎麼樣啊？」「嗯，嗯，他退學當小丑了。」

> 擔心：許多父母擔心孩子會做出愚蠢的選擇，讓自己被別人當成是失敗的家長。他們認為孩子的選擇將是判斷父母做人成敗的標準。

馬庫斯：爸爸，你和媽媽一直都是很棒的。如果讓我退回去重新選擇父母的話，我會毫不猶豫選擇你們倆。

媽媽：（感動）噢。
馬庫斯：但是我必須自己出去闖一闖，所以我打算換個學校，而且我打算改變主修科系。
爸爸：你想改學什麼？
馬庫斯：我打算讀教育，當一名特教老師。
爸爸：特教？
馬庫斯：是的。我想從事自閉症兒童的教育。
爸爸：你準備去公立學校當一名特教老師？
馬庫斯：是的。
爸爸：那薪水肯定不高。
馬庫斯：爸，是這樣的。還記得媽以前得過運動型疝氣嗎？
媽媽：對啊。
馬庫斯：那是什麼原因讓你對醫生有好感的呢，爸？
爸爸：那位男醫生見多識廣。他做這種手術足足有一百多次了。他顯然很專業。
馬庫斯：但如果他這麼跟你說：「我當醫生只不過是因為我的父母想讓我成為一名醫生。我根本不在意這檔手術或任何其他手術。這工作實在沒意思。」你會怎麼想？
爸爸：嗯。

馬庫斯：就是這樣的。爸爸，這就是我現在對電腦資訊科系的感覺。我討厭它！

爸爸：什麼？我還以為你喜歡呢，高中時你的數學分數很高啊。

馬庫斯：我覺得人成長的一部分，就是要弄清楚這一輩子應該做什麼。

媽媽：嗯，那你怎麼知道特教老師就是你想做的呢？

馬庫斯：問得好。這個學期我們需要做三十個小時的社區義工。我去了當地一所小學，和一個特教班的學生合作朗讀工作室。他們都患有自閉症，在學習上有障礙。我也不知道為什麼，反正就是特別喜歡這份工作。結果雖然要求三十個小時，但最後我做了二百八十個小時。那位老師一直邀請我回去。

> 要證明你找對了工作或者你在做正確事情，有個可靠的標誌就是你是否自願去做這件事。

爸爸：她當然願意，免費幫忙嘛。

馬庫斯：不，不完全是。那位老師說我有一種跟這些孩子打交道的能力。我特別喜歡跟他們在一起，他們也特別喜歡我。與這些孩子建立聯繫並幫助他們「得到」是有意義的……明白我的意思嗎？

媽媽：我明白。

馬庫斯：在那之前，我壓根不知道什麼是自閉症，也不知道真的有辦法讓你與這些小孩好好相處。它是……我不知道。但我覺得我很適合。

爸爸：這樣啊。

馬庫斯：所以我打算好好學習，幫助一些孩子。我相信錢自然會有的。

媽媽：我覺得你的想法很不錯。有時候找到自己的使命要花比這多得多的時間。

馬庫斯：我也是這麼想的。要是我最後一敗塗地，要是有人責怪你們，就讓他們來找我。因為這是我自己的選擇。所以你們儘管放心，你們不會因此受指責的。

爸爸：你不會失敗的，兒子。我了解你。

媽媽：爸爸的話讓你高興嗎？

馬庫斯：是的。

媽媽：那麼就加油吧。

馬庫斯：謝謝媽媽。

爸爸：你隨時可以回來吃飯，但如果你要想搬回來……

旁白：對父母來說，沒有什麼比自己的孩子尚未準備好就要面對未來更讓他們操心的了。

下面是一些很有用的建議，可以幫助你跟孩子就他們的學習、職業和生活進行有意義的談話。

如何思考學業和教育

特別感謝喬·馬丁博士，他是一位獲獎教師、培訓師，以及《好成績的祕訣》（*Tricks of the Grade*）一書的作者。他就該議題的一些細節提供了諮詢意見。

挑戰

傑夫以六百畢業生中排名第十六的成績從高中畢業。這個成績使他獲得了達拉斯州南衛理公會大學的全額獎學金。他決定像爸爸一樣，主修工程學。然而傑夫並不具有突出的工程學天賦，必修專業課程的成績一直都是C。

不久，傑夫意識到他擅長的其實是商學。他在商學方面表現出眾，所以他轉換主修商學並成為一名出類拔萃的學生。從南衛理公會大學畢業後，傑夫申請了全美最負盛名的工商管理碩士課程（該課程由哈佛商學院開設）。在錄取面試中，當他被問到學校為什麼應該錄取他時，傑夫簡單的說：「我真他媽的聰明。」

傑夫沒說錯。他獲得了工商管理碩士學位，並且以名列全班前百分之五的優異成績從哈佛畢業。他立刻被全美最好的諮詢公司搶走，並成了該公司有史以來最年輕的合夥人。

講到這裡我們先停一下。到目前為止，或許除了他在哈佛大學的面試中爆粗口之外，傑夫的故事幾乎是每個家長的夢想，對吧？孩子上一所好學校，然後上一所更好的學校，然後一路攀升，不斷獲得特權、權力和財富。這就是我們說的美國夢，不是嗎？

你上學是為了得到好的——成績
你得到好的成績是為了進入一所好的——大學
你進入一所好大學是為了能賺很多——錢
你賺很多錢是為了能買到很多——東西
你買很多東西是為了——快樂

但是這個夢想很容易破碎，讓我們回到傑夫的故事。傑夫一路攀升，之後引起了一位大亨（德州大公司的首席執行長）的關注，很快被挖角。當時是一九九〇年代末，正逢美國經濟危機。傑夫意識到如果他能夠製造出他們公司在賺大錢的假象，人們就會買他們公司的股票，那麼大家都會富有起來。

二〇〇〇年，傑夫宣稱他所在的公司賺了九．七九億美元，但實際上該公司賠了十二億美元。這可是天壤之別啊！於是，這個排名全球第七的大公司……破產了。

這個人到底是誰啊？傑夫．斯基林。他所在的公司呢？安隆（Enron）。

這是美國歷史上最大一樁公司詐騙案。二萬零六百名員工幾乎全部失業，而且許多人的公司退休帳戶裡一文不剩。安隆的股價一夜之間從八十三美元暴跌到了六十七美分，使那些忠心耿耿的投資人損失了六百三十億美元，傑夫被判處二十四年監禁。

事情怎麼會到這步田地？傑夫可是在全美最好的大學裡受的教育啊。沒錯，這個世界一流的教育體系確實培養出了一位傑出的商人，但是卻沒有把他培養成一位既傑出又有道德的商人。

最後，傑夫不是輸在教育上，而是輸在了人品上。

傑夫．斯基林的人生清清楚楚向我們展示了一個道理：如果缺乏品格，即使最好的教育也可能導致災難。

你的目標

用你的睿智和洞察力巧妙扮演孩子的職業規劃師。

會發生什麼

大學畢業生收入更高。據美國人口普查局公布的二〇一二年資料顯示，教育能帶來更多工作晉升和經濟報酬的機會，這個看法通常是正確的。

教育	平均收入
高中以下	二〇四五七美元
高中畢業生	三一四二九美元
大學肄業	三三一一九美元
大學學位	五七七六二美元
碩士學位	七三七七一美元
博士學位	一二七九四二美元

同時，大學畢業生的債務也會更多。過去的二十五年中，學生債務的平均水準已經攀升了將近三百%，這足以壓垮那些存在嚴重經濟問題的畢業生。二〇一六年的資料如下：

- 七十%的大學畢業生借錢讀大學。

- 大學生債務均值為三萬七千一百七十二美元（二〇一二年，該值為二萬六千八百八十五美元；一九九二到一九九三年，該值為一萬兩千四百三十四美元）。
- 全美學生貸款債務總額為一．二六萬億美元。
- 四千四百萬美國人需要償還學生貸款債務。
- 學生貸款拖欠率為十一．一%。
- 學生每月平均還貸額（二十到三十歲之間的借貸人）為三百五十一美元。

如果沒有正確的引導，孩子很可能會陷入巨大的債務危機之中，由此產生的影響會持續長達數十年之久。他們的事業會因此受到限制，自由受到限制，他們最終會走向失敗。正因為大學費用大幅上漲，高等教育現在就像是一把雙刃劍：你必須清楚自己在做什麼，不然最後會死在自己的劍下。

怎麼辦

一、**千萬不要讓十萬美元白白浪費**。如果你準備拿十萬美元投資股票，你很可能會想辦法檢核目標公司的商業模式是否健康，運行是否良好。然而，許多家長在沒有幫助孩子（他們最重要的投資）弄清楚如何好好發揮自己天賦的情況下，就將他們送入了大學。大多數大學生因為盲目的上了大學，對自己未來的事業或對自己沒有清楚的認識，因而在大學期間不得不更改主修科系，有的學生更換多達四、五次。這是一種極其昂貴的「試試看」模式的職業探索。最近德州大學有項研究發現，大學生退學的原因包括：（一）他們對自己的未來缺乏明確的目標；（二）他們選了不適合自己的科系。不要讓這種事情發生在你的孩子身上，他們的前途（以及大筆金錢）取決於此。

二、**發揮職業諮詢師的作用**。做為家長，你有成為孩子職業諮詢師的天然優勢，因為你知道他們的優缺點，以及他們的天賦。你知道什麼會讓他們興致勃勃，什麼會讓他們難受，你知道他們的性格特點。努力幫助孩子確保他們對自己的未來不迷茫，他們選擇的科系對他們來說也是合適的。職業和事業不單單是為了謀生，還包含了使命，並會因孩子的個性而異。

三、**如果你要負擔孩子的大學費用，你就有發言權**。如果你要負擔孩子上大學的費用，那你有權利也有義務，確保孩子將來在一項既重要又有經濟回報的職業上，確實有機會獲得成功。雖然成為一名加州大學爾灣分校戲劇系的學生可能令人興奮，但是要跟天資平平的孩子講，他想在百老匯大放異彩的夢想機會不大。這似乎很殘酷，誰願意做一台夢想粉碎機呢？但是，做夢想粉碎機和從現實出發是不同的。如果你的孩子想要追求你覺得不適合他們的夢想，要溫和的讓他們看清事實，努力讓他們明白為什麼不適合選擇某一科系。如果他們固執己見，你不一定非得為他們上大學買單。

四、不要只以培養成功大學畢業生為目標。傑夫．斯基林的故事說明，教育是一個工具，但是它並不能造就人。教育是實現人潛能極為重要的手段，但它不是最終目標。可以這麼思考這個問題：我們是在盡力培養未來優秀的丈夫、妻子、父親和母親。未來的配偶和孩子會這樣談論你培養出來的孩子：「如果可以重新選擇，我還會選擇他／她做我的父親／母親／配偶。」

幫助孩子找到使命

如果你真心想幫助孩子找到他們的使命，以及他們鍾愛的事業，請照下面的步驟來做。

第一步：蒐集資料

回答下面關於孩子的問題，然後向幾個熟悉他且值得信賴的成年人徵求意見。

- 他喜愛什麼？
- 從小時候起，他就一直＿＿＿＿＿＿。
- 哪三個形容詞最適合他？
- 他討厭並想改正的東西是什麼？
- 無須他人提醒，他就能積極追求的事情有哪些？

• 他們能夠連做幾個小時而不厭倦的事情是什麼？

第二步：讓孩子自我評價

騰出一些時間，讓孩子根據以下問題對自己做一個評價。

• 我喜愛＿＿＿＿＿＿＿＿（東西／事情）。
• 寫出三個最適合你的形容詞。為什麼是這三個詞？
• 請寫出讓你憤怒不已的一件事，為什麼你會這麼生氣？
• 你在哪些方面做得很成功，哪些方面得到了權威的認可？
• 講述生活中那些讓你感知到自我的時刻，你當時在做什麼？描述當時的環境和情景。

第三步：討論

和孩子一起仔細研究從前面兩個步驟獲得的評價資訊，然後回答下列問題。

• 別人對你的評價中，哪些內容最讓你感興趣？
• 大家有哪些共同的看法？
• 這個過程讓你發現哪些新的問題？
• 這些評價向你揭示了什麼？你從評價中學到了什麼？

在此次討論末尾，提出第四步。

第四步：用一週的時間醞釀

把下面的問題寫在紙上交給孩子，讓他用整整一週的時間思考這個問題。跟他講清楚，一週後全家人將一起討論這個問題。

- 如果你知道最終會成功，那麼你願意全力以赴去做的那件事是什麼？

第五步：就該問題的答案進行談話

盡量保留所有的判斷。下一步將為你減去很多的負擔。比如，如果孩子對於某個職業有很大的誤解，下一步將有助於糾正這種錯誤的想法。

第六步：安排採訪任務

讓孩子在自己確定好的領域裡設法找三位熱情洋溢的人，面對面採訪他們。「熱情洋溢」是指他們對工作充滿熱情。

採訪問題

- 從事您這個職業需要什麼樣的品格、興趣和經歷？

・在教育和職業方面，您走過了怎樣的路才取得了今天的成就？
・如果能重新來過，您會做何不同選擇？
・對於有興趣進入這個領域的人，您的忠告是什麼？
・您覺得哪些書籍最適合有興趣進入這個領域的人去讀？
・您對於這個工作最滿意的地方在哪裡？
・這個工作的哪方面您不喜歡？

第七步：實際嘗試該工作

完成採訪之後，為了加深對這一職業的了解，鼓勵他們花上一天的時間跟隨工作人員實地觀摩實習，或者鼓勵他們去該領域擔任義務服務的志工。

・馬上行動。完成簡歷並附上求職信，說明你希望從這次實習中獲得什麼，你有何技能和經驗。
・將你的資料和求職信寄給你曾採訪過的人，並請他們幫你獲得一個無薪實習機會。說明你的目的：你對該職業感興趣並且想從職場內部了解更多。
・詢問你可以為該公司做什麼，並清楚表明你想為公司創造價值。因為你是無償工作，這對公司來說划得來。

- 要強調靈活性。因為實習生的工作常常是在補人手不足，所以有時候並沒有明確的職務內容，只是被籠統叫做「跑腿、打雜的」。清楚表明，你什麼工作都願意做。
- 要說你已經準備好隨時開始。這表明你已經準備好忙碌和靈活行事了。

第八步：回顧和評估

當這段志工服務或觀摩實習結束後，跟他坐下來，討論此次經歷。

- 你從這段經歷中學到了什麼？
- 這個職業的哪方面是你從未預料到並最讓你感到吃驚的？
- 你已經了解這麼多，現在你對這個職業的看法有沒有變化？

這一天結束之前，每位家長都要告訴孩子，他們的願望就是孩子能夠快樂，但是這並非全部。父母也想讓孩子長大後成為一個能給世界帶來積極影響的人，用自己獨特的天賦和熱情改變現狀的人。最後，我們應該明智的聽從作家兼神學家傅瑞德．畢克納的建議，他曾經寫道：「你的使命，就是你發自內心的快樂與這個世界迫切需求的交點。」

如何幫助孩子在新經濟條件下獲得成功[17]

特別感謝史丹佛國際諮詢研究所學習技術中心的榮譽退休主任和首席科學家羅伯特・B・科茲馬博士，他就該議題的一些細節提供了諮詢意見。

挑戰

位於底特律的胭脂河工業區是製造業的奇跡，它長一・五英里，寬一英里，自己有發電廠和供水系統。原料鐵礦石從一端進去，另一端出來的就是組裝好的汽車。

---

17 當然，當你在讀這本書的時候，這裡描寫的「新經濟」很有可能已經徹底變了樣，主要是因為太多新型機器人的出現。從滿不在乎，到大吃一驚，到希望沒事。儘管這樣的迴圈很複雜，但是當你在幫助孩子考慮未來職業時，最好將這種不斷變化的社會趨勢考慮在內。

從一九〇〇年開始到一九八〇年代末，胭脂河工業區反映了整個社會的心態。因為對於製造業而言，一些特定的關鍵價值觀念極為重要，比如標準化、精確性、效率。物品必須按照高精確度和規模化進行生產，而且所有部門必須協同工作。所以，你想讓所有的工人懂得同樣的東西和同樣的生產程式。

事實上，製造業徹底塑造了我們這個民族的整體文化和觀念。它滲透到了我們生活的每個部分。它是當時的一種文化心態。因為雇主需要特定類型的工人，所以我們的教育體系和大學就會培養那樣的人。雇主（像福特）想要那種按部就班、嚴格遵守操作程式的人。像創造性之類的東西根本不受重視，除非你能讓產品變得更加精確或者能讓生產速度變得更快更高效。

但是接下來情況變了。

五十年前，全球最受重視的公司都是製造業。現在，全球最受重視的大多是科技公司。因為我們的經濟正在從製造業向科技轉型，新型的文化典範基於創造力，追求創新和與眾不同。這種觀念對任何事物、任何人都有影響，也包括你的孩子。這種新的經濟有新的規則。你需要了解這些新的規則是什麼，才能幫助孩子順利面對。

你的目標

幫助孩子在新經濟中獲得成功做好準備。

會發生什麼

儘管我們的經濟發生了這麼多變化，但在三個關鍵領域，機器人很可能永遠無法取代超越人類。這幾個領域中，人類的優勢非常明顯。

1 現代經濟需要有創造力和創新觀念的工作者

當代重視的是創造新觀念、新服務和新內容的能力，這涉及各種思維方式，看看蘋果的應用程式商店就知道了。應用程式開發人員負責弄清楚人們想要什麼，什麼程式有用、有趣等等，然後他們就開發出這樣一款程式。這種創新很具有民主精神：幾乎任何人，只要他們具有適當的技能並能獲得機會，就能夠創造出新東西。如果運氣好，就能賺錢。

2 現代經濟需要具有團隊精神的工作者

與其說新技術經濟像一條生產線，還不如說它更像一家劇院。它需要有人走進來，認真傾聽，比如說，三個看問題的角度，然後，這個人運用自己的天賦把這些觀點和角度整合為一種全新的觀點。因此，技術經濟中的領導並不像製造經濟中的領導那樣吩咐人們做什麼、讓他們生產什麼東西，而是體現在打造團隊、協同各方、齊心合力解決最複雜的問題上面。

3 現代經濟需要能夠解決複雜問題的工作者

現代勞動需要愈來愈多這樣的人，他們既懂複雜的系統，又能找到潛在的、有創造性的解決方案。以 Uber 這家公司為例，他們發現了一個問題後，就想出了一個很有創意的解決交通問題的辦法。說白了就是把私家車的剩餘空間變成金錢。如果你從製造業的角度去考慮這個問題的話，那唯一的辦法就是製造更多的計程車或者優化計程車的行車路線。全世界有太多的問題，它們都需要極其巧妙和創造性的辦法來解決。

怎麼辦

一、**幫助孩子練習分辨資訊**。資訊時代，幫助孩子學會評估資訊來源是很重要的。幫助他們看清資訊中可能存在的偏見（這個資訊來源在這個問題上有什麼利害關係？）和真實性（該資訊是建立在什麼資料之上的？訊息源於何處？這個是事實還是觀點？）

二、**讓孩子置身於團隊環境中**。父母也可以幫助孩子增長社會知識，這是大多數學校課程中沒有明確規定的一項關鍵技能。只要在青少年需要通力合作的場合，他們就可以學到社會知識。有時候一些校外的課程提供了孩子做科學專案和創意作品的機會。團隊合作的核心就是綜合不同的技能和思維來做個人無法完成的事情。

三、**全神貫注玩桌遊**。桌遊最近出現了復興，其中許多獲獎遊戲包括精心設計的環節，其中的任務需要青少年合作才能解決。不管是磨練他們精確溝通的技能（在《行動代號》裡），還是奮力解決問題（在《瘟疫危機》裡），或是合作找到解開巨大謎團的線索（在《豪宅詭祕》裡），還是在瞬息萬變、萬分險惡的場景中制定策略（在《救火奇兵》裡），這些桌遊不僅激發孩子的想像力，促進孩子的智力發育，還能增進他們的團隊合作精神和溝通能力。

日後某一天，當孩子為全家人規劃穿越迪士尼樂園的最佳路線時，這種體驗就會發揮作用。更重要的是，青少年經由桌遊能發展各種技能，這有助於他們將來成為高效的雇員。

四、**尋找能將教育與現實生活聯繫起來的真實專題**。父母也可以幫助孩子將學校的各個科目與他們的日常生活聯繫起來，實現學校所教的知識與現實世界的結合。如果能帶著教育的目的在你家附近尋找可以和孩子一起做的活動，那就太棒了。比如，讓孩子規劃全家的露營之旅。我們去哪裡？我們需要什麼？我們的食物預算是多少？所選的地方有沒有什麼歷史典故？我們圍著篝火時可以分享什麼樣的故事？

把這次出行變成一個數學題，一個地理題，一節歷史課或一次創意寫作。規劃這種露營活動，會是孩子將來對應職場類似問題一次難得的排練。複雜的可變因素和非常現實的後果可以帶來諸多挑戰，這需要各種計畫和各種技能才能應付自如。

五、幫助孩子學會自主學習。父母幫助孩子學會自主學習極其重要。人們一般認為高中會教導學生如何自主學習，但實際上高中課程裡根本沒有這樣的內容。要幫助孩子規劃他們的學習。哪些內容對他們重要？下個學期他們想學什麼？下個月或下個星期他們想學習和完成哪些跟教育有關的內容？還有，他們獲得成功需要什麼樣的資源，以及你怎樣幫助他們？

幾乎沒有人問孩子這些問題，他們等著老師告訴他們要學什麼。教孩子自主學習，能讓他們擁有更多自主權，並且有助於他們在未來獲得成功。這是父母能夠在孩子的生活中扮演的一個極其重要的角色。

如何應對一名不好或不公平的老師

挑戰

某些時刻，你的孩子將不得不面對一個令他們不快的現實：有些事情不是自己說了算[18]。人在成長的過程中都要學著如何與生活中的權威人士相處。比如，你知道有一位老闆意味著什麼，你的老闆對你的生活和幸福的某些方面握有控制權。他們能夠改變你的工作職責，調換你的職位，甚至解雇你。

孩子也早就有了這些類型的老闆，只不過稱呼不同而已：教練、校長以及值班經理。如果你的孩子還未成年，那麼學習就是他們的「工作」，他們的老師就是他們的「老闆」。幫助孩子應

18 其實他們已經很清楚這一點了，因為每隔一個星期六早上你就會拖著他們去上高野太太的鋼琴課，那位高野太太聞起來有股接骨木和維克斯膏藥的味道。

對各種各樣的權力關係以及形形色色的權威人士，是生活中極為重要的部分。

有時候這個過程很簡單，也很值得。可是有時候就像成人世界中那樣，孩子將不得不應對一個「壞老闆」，一個難相處的教練或者一個行事不公的老師。下面介紹如何幫助孩子妥善處理這些令人遺憾的情況。

你的目標

教孩子一些實用的策略，讓他們能夠有禮有節的應對一個行事不公的權威人士。這樣，當他們下一次碰到這種情況時，就知道該怎麼辦了。

會發生什麼

你會忍不住想出面解決問題。這可以理解：當你聽說孩子和一位老師發生了衝突或矛盾，你便想介入來化解。但是就像你無法代替別人去健身一樣，你也不能替孩子去化解事端。你必須訓練孩子，讓他們自己成熟而睿智的應對不公平的（甚至是很糟糕或不合格的）權威人物。成長過程包含了如何處理各種問題，當然也包括處理與權力人物之間的矛盾。讓青少年自己去處理棘手的局面並從中學習，遠遠勝過讓別人代勞。

想想你碰到不公平、卑劣的、不稱職的老闆時是多麼沮喪吧，簡直會讓人發瘋。孩子同樣也會惱怒，只是缺少「成熟」這個篩檢程式，以及一個完備的成人大腦所具有的策略。你必須幫助孩子靜下心來，看清事態，然後詳細指導他們如何緩和並最終化解矛盾。教孩子在特定的場合說什麼樣的話，這一招通常管用。讓他們模擬這樣的對話並熟記在心，使他們獲得信心和一種「比賽戰術」。或許這樣的模擬對話並不奏效，但至少你的孩子已經嘗試過了，而且有了心理準備。

此外，你唯一需要介入並採取行動的情況是：孩子說某位老師或權威人物對他們做出非法或者不道德的行為，或者從孩子的描述中你推斷出，這些人對孩子有身體、言語或情感上的虐待行為，由此導致了你合乎情理的安全擔憂。這時，即使孩子是在誇大事實，你也應該立刻進行調查，並向具體負責的學校主管和地方當局報告此事。

怎麼辦

不好的老師或者不公平的老師主要有三種類型，下面具體分析應對策略。

第一種：老師沒準備好且／或者講課沒有條理

因備課不足，評價策略含糊，學習目標不明確，這種老師常常會讓學生感到沮喪。孩子可能會說「我都不知道我們上課在幹什麼」、「從這個課堂上我什麼也學不到」、「考試跟課堂所學沒有一點關係」，或者「我甚至不清楚我的分數是怎麼來的」。

策略：讓孩子和老師充分交流

指導孩子巧妙（並且禮貌的）推動老師的工作，讓老師的教學變得更加條理清晰。讓孩子私下約見老師，弄清老師的想法。在見面的過程中，孩子應當記錄接下來要做哪些計分的項目和作業，而且，應當詢問老師需要採取哪些步驟能確保自己完成課堂學習目標。不要說「我想提高我的分數」這樣的話，而要說「我想確保自己達到你對班裡學生期待的目標」。

孩子需要表達觀點：「我想在您的課程上好好學習，獲得成功，但是有時候我不清楚自己該做什麼，您會採取什麼考核方式呢？我怎麼樣才能做好充分的準備，並獲得好的學習成果呢？您能否幫我把這些列一下呢？」

第二種：老師做事不公平、厚此薄彼

這種老師執行班級規則不公平，而使學生受教育的熱情不斷受挫。你的孩子可能會這樣說「我被冤枉了」、「我什麼都沒做啊」、「老師做事不公平」，甚至會說「老師偏心」。

策略：謙遜的對待老師

指導孩子私下以一種比較愉快舒服的方式為自己辯解，這樣可以化解老師的怒氣。第一步是私下去找這位老師，因為當著全班的面向老師抗議根本沒用。如果孩子因被某位老師單獨懲罰而感到不公平，或者認為某位老師的處事原則明顯不公平，教孩子以謙遜的態度與該老師討論此事。孩子可以先道歉，然後申明，再做解釋。

比如，因為孩子的課桌旁有一張糖果包裝紙（並不是他丟下的），所以就被老師認為他在課堂上吃了萬聖節的糖果（違反了課堂規定）而被老師留了下來。孩子可能會當著全班同學的面向老師抗議，這會讓老師覺得自己的權威受到了挑戰，於是他很可能會態度強硬，變得更加頑固。現在所有的溝通都中斷了，而孩子為此事一直耿耿於懷。

孩子需要表達的觀點：用「我同意」這樣的詞和「我」開頭的陳述。首先，肯定老師有權制定規則。「我同意您的看法，上課吃糖不對。我覺得這是一條很好的課堂規則。如果我違反了這條規則，我接受放學後被單獨留下的懲罰。但情況不是這樣的。」然後，使用「我」開頭的陳述，不要說「你是一位不公平的老師」，這樣會讓老師立刻產生抵觸心理。要說「我當時沒有機會向您解釋，其實我沒有違反那條規定。我沒有吃萬聖節糖果放學後卻被留下了，我覺得這不公平。」

第三種：老師刻薄無禮

這種老師將學生當下屬對待，或利用他們的權威地位不尊重學生的人格。孩子可能會說「那一點都不公平」、「我不敢相信老師竟然對我說那樣的話」、「我不要再上那個老師的課了」，或者「那個老師真討厭」這樣的話。

策略：成熟的衝突消解法

教育孩子要寬宏大度。如果你的孩子陷入了與一位老師的消極對抗之中，勸他主動結束這種無休止的對抗，這需要非常成熟的心態。但是，你要說服孩子主動去找老師道歉並請求私下面談。更重要的是你的孩子必須承擔起自己造成緊張關係的那份責任。（即使你的孩子僅有百分之一的責任，而老師卻有百分之九十九的責任，他也必須為那百分之一的錯誤承擔百分之百的責任。）

孩子需要表達的觀點：「我尊重您的權威，我也想在這個班裡不斷進步，是不是我說的哪些話或者做的哪些事讓您覺得我對您不敬呢？」這樣說表明孩子願意用心傾聽老師的意見，這會大大增加老師傾聽學生意見的可能性。傾聽和尊重一般會換來別人的傾聽和尊重。接著，指導孩子在表達委屈的過程中用這樣的表達：「我覺得當……那是不公平的。」要孩子細緻描繪當時的場景，說明為什麼老師當時說的話聽起來不尊重人，記得，提醒孩子態度一定要誠懇。

面對面解決問題

畫面漸顯：室外，一所高中，週四下午兩點半左右

畫面溶至：室內，教室

塞哈莫爾先生，一位老師，正站在一塊白板和擺滿作文的大桌子前面，看著全班學生。

許多學生坐在座位上，其中包括豪爾赫，一個滿頭黑髮的十六歲青少年。

鈴響了。

塞哈莫爾先生：好了，年輕人。就到這吧。把你們的作業交上來，我們明天見。

豪爾赫：（等其他學生都陸續走出教室）謝謝您同意放學後跟我單獨說話。

塞哈莫爾先生：不客氣。

豪爾赫：我是想跟您談談那份研究報告。

> 這句話要傳遞的意思：你向老師請求私下交談，表示這件事對你很重要（因為你用自己的休息時間來談此事）。周圍沒有其他人也會讓老師放鬆，這不是在全班面前對他權威的挑戰。

塞哈莫爾先生：是今天本來要交的那篇報告嗎？
豪爾赫：是的，就是那一篇。
塞哈莫爾先生：你還沒交的那篇？
豪爾赫：是的。
塞哈莫爾先生：占你成績十五％的那篇？
豪爾赫：是的。首先，我想為自己沒有按時交作業向您道歉。我早就知道什麼時候要交作業的，但我沒有及時交。這是我的不對。

> 這些話傳遞的意思：道歉讓人消氣，它表達了謙遜的態度。

塞哈莫爾先生：當然了。
豪爾赫：我理解您關於作業最後期限的規定。
塞哈莫爾先生：不許晚交作業。
豪爾赫：我贊同這個規定後面的原則，我想它是為了教我們要有責任心。

這些話傳遞的意思：通過贊同按時交作業很重要，來消除老師的怒氣。這樣老師會更有可能同意你隨後說的話。

塞哈莫爾先生：是的。

豪爾赫：我不是在故意偷懶，我也不是在故意逃避作業什麼的。

塞哈莫爾先生：哦……

豪爾赫：如果您查一下我的紀錄就會發現，我從不晚交作業。

這些話傳遞的意思：你一直都是服從老師安排的。

豪爾赫：我的論文大部分已經完成了，您看我後天交可以嗎？

塞哈莫爾先生：嗯，要是我為你破這個例，那我就得給每個人都破例了。

豪爾赫：塞哈莫爾先生，我可以解釋一下我為什麼沒有完成論文嗎？我不是在找藉口，確實是有特殊原因。

這些話傳遞的意思：每個人聽到「藉口」這個詞都會皺眉頭。但是，「原因」是對某事為什麼會發生所做的解釋。

塞哈莫爾先生：講吧。我不知道它有沒有用。

豪爾赫：呃，它對我挺重要的。是這樣的，我的小妹在學競技體操。上個週末她參加了地區比賽，我們全家人去給她加油。她表現得非常棒，而且進入了下一輪比賽。我原先以為比賽只有六個小時，結果持續了十四個小時。我就沒時間完成我的論文了。

這些話傳遞的意思：實事求是的解釋可能會讓老師替你著想。

塞哈莫爾先生：哦，這個作業在好幾週以前就宣布了，莫雷諾先生。

豪爾赫：是的，我本來計畫用上個週末來完成那篇論文的，但是有時候計畫趕不上變化。對嗎，老師？

這些話傳遞的意思：所有人都知道不如意事十常八九，難免會有意外的事情發生。你只是在提醒老師這個事實。

塞哈莫爾先生：沒錯。

豪爾赫：我沒有完成論文，是我的不對。但我會寫完的，我保證下不為例。

這些話傳遞的意思：像豪爾赫這樣承擔起全部責任並承諾下不為例，就會讓老師放心，不用擔心這種情況會再次發生。

塞哈莫爾先生：好吧，莫雷諾先生。明天第六節課之前把你的論文交給我。

豪爾赫：謝謝您給我這次機會。

如何幫助孩子對付霸凌者

特別感謝基斯・貝瑞博士和薩米爾・辛杜加博士。基斯・貝瑞博士是美國國家傳播協會反霸凌專門工作組聯合主席、《被霸凌》(*Bullied*)一書的作者,薩米爾・辛杜加博士是網路霸凌研究中心的聯合主任,他們就該議題的一些細節提供了諮詢意見。

挑戰

常言道:孩子是父母的心頭肉。如果你那十幾歲的孩子受到了欺負、戲弄、嘲笑,或遭到故意排擠,那麼他肯定會很難受,你也會不開心。

受欺負的不單單是你的孩子:每十個學生中就有六個說每天至少目睹一起霸凌事件。據美國教育統計中心稱,學生受欺負的因素有容貌(五十五%)、身材(三十七%)、種族背景(十六%)。霸凌是所有青少年面臨的一個不幸的現實。

我想告訴你的是：雖然父母對霸凌有大體的認識，但還遠遠不夠。人們對霸凌事件感到生氣是很正常的。你覺得這種憤怒是有道理的：在這個世界上，殘忍就不該有立錐之地。但是，這種最普遍的反應卻幾乎總是不全面的，這就導致成年人給青少年提供的解決辦法常常有所欠缺。

我的意思是：目前幾乎所有的反霸凌研究以及各級各類學校的反霸凌活動，都致力於為孩子打造一個安全的環境。理當如此。這當然是一件極好的事情。在過去幾年中，學校都特別關注貫徹執行反霸凌計畫和倡議。總體上來說，這些舉措非常成功。事實上，校園裡的反霸凌計畫使霸凌事件減少了二十五％。

這實在是太棒了。但是，如果你的孩子正受到欺負，那麼對你來說，這些措施毫無意義。成年人永遠無法為青少年創造並維持一個恆久友好、充滿同情心、善意且令人振奮的世界。這聽起來很刺耳，可是，這就是事實。令人遺憾的是，我們並不是威利．旺卡[19]，我們不可能讓這個世界只有甜蜜的巧克力。

為孩子創造一個安全的、沒有霸凌的環境是非常重要的。但是，還有一個欠缺的部分真正

---

19 小說《巧克力冒險工廠》的主角。

需要成年人補起來。除了創造安全的環境之外，做為一個有愛心的成年人，你需要幫助孩子磨練他們的韌性。

因為追根究柢，霸凌並不是一個僅限於學校的問題，它是一個關乎人性的問題。而且，儘管我們很想把那些霸道、殘忍或者粗魯的人從這個世界上完全除掉，但我們卻無法做到。假期去購物中心的停車場試試，你就知道了。

我們大多數人能夠回憶起自己受霸凌的某個場景，常常會記起一些令人難以置信的具體細節甚至言語（我記得的一句話就是「難怪你的父母把你拋棄了」）。這些場景會困擾我們許久。當我們的孩子碰到這樣的情況時，最明智的做法是設法幫助他們。

如果你用心去做，就能幫助孩子磨練他們的韌性。這樣，霸凌者和發生在同伴之間的激烈衝突就不會給他們造成太大的情感傷害。這不會是他們一生中要面對的最後一個冷酷、不近情理的人，你能做的就是提供一些方法給孩子，幫助他們在情感上處理霸凌事件帶來的影響，讓他們得以輕裝前進。

你的目標

培養青少年的應變能力，幫助他們發展與人相處的能力，以便他們能夠處理憎恨情緒，並且相信自己有能力解決社會性和人際關係方面的問題。

會發生什麼

到底什麼是霸凌？

或許我們需要一個正式的定義，以下是專門研究此類問題的社會科學家對霸凌的定義：

- 霸凌無一例外是一種故意的行為（不存在偶發性的霸凌）。
- 霸凌是一段時期內反覆發生的行為。
- 霸凌總是在雙方力量不平衡的情況下發生的。這種力量的差異有可能是身體上的（強壯與弱小），關係上的（受歡迎的與不那麼受歡迎的），情感上的或者心理上的。
- 這種力量上的不平衡，大多數情況下使受害者不太可能保護自己。
- 霸凌是一種以不斷削弱另一個人的積極自我認識為目的的攻擊性行為。

但是追根究柢，對霸凌下的各種定義，哪怕是社會研究工作者所下的精確定義，也並不值得認真討論。問題的核心是霸凌對受害者造成的嚴重影響。你的孩子是否因為另一個孩子故意的言語和行為受到了消極的影響？這你應該調查清楚。

霸凌會導致焦慮

反覆被人欺負會影響孩子的大腦，這是因為被欺負會導致緊張，而緊張會導致皮質醇分泌升高。當這種激素分泌過高的時候，孩子的記憶力就會受到嚴重的影響，有時連記住家庭作業這樣簡單的事情也變得很困難。受欺負和成績之間有著確定的相關性。人們眼中的劣等生或者不愛學習的學生，事實上可能只是不能按時完成作業或未能理解課堂內容的學生。

孩子想知道你是否會站在他這邊

當孩子說自己受到了欺負時，家長千萬不要對此置之不理。或許他們的天線正在搜尋傳播理論家稱之為「否定訊息」的東西，即刻意輕視某一描述和描述者的資訊。這種輕視的表現可能很微妙，比如一個成年人會說：「嗯，你對他做了什麼？」或「你為什麼不保護自己呢？」這些訊息都是在挑毛病，至少孩子會這樣認為。孩子已經遭受了霸凌者的貶損，不要讓他再遭受一次了。在你面前的是一個情緒激動的青少年，不管他的描述是否完全屬實，關鍵是這個描述是通往真相的橋梁。

怎麼辦

一、**讓孩子明白痛苦是生活的一部分**。大多數文化將痛苦看成是生活不可避免的一個方面，是豐富人生閱歷、磨練人品的一個途徑。你可以幫助孩子明白，痛苦是我們每個人都會經歷的，他們應該對來自他人的阻礙甚至憎恨有所準備。但這並不意味著生活不再有意義，恰恰相反，它意味著孩子有機會演繹一段更加精采的故事。所有傑出作品中的偉大人物都必須克服某些障礙。你甚至可以用孩子最喜歡的某部電影或者某本書中的人物為例，幫助他們明白這個觀點。

二、**利用能體現你堅韌毅力的親身經歷**。你有沒有克服某種艱難困苦的例子？與孩子分享這些故事。你以為孩子對此不以為然？他們不會。當你給他們講你的祖父母是從另一個國家長途跋涉來到美國，經過艱難打拚才成立了一個小公司的時候，孩子會發現，原來他們也是這個頑強奮鬥故事中的一部分。這會給他們注入不畏艱險、排除困難的勇氣，就像他們的父母或者祖父母那樣。可以跟他們這樣說：「我能給你講一個我感覺特別丟臉的經歷嗎？」或者「我跟你分享一個我親身經歷的故事好嗎？我當時面臨著一個特別大的困難，跟你現在的情況一樣。」

三、**利用一些能增強韌性的輔助活動**。看看那些古老的教堂，你會發現它們是建築學的奇跡。它們之所以能建得那麼高，是因為它們兩側有加固的承重扶壁。同樣，通過讓孩子參加能增強毅力和吃苦精神的活動，也可以增強孩子頑強抵抗霸凌的力量。沿著那條崎嶇的道路徒步行走，然後背著九公斤的背包再走一遍。完成一次五千公尺的賽跑，然後一起報名再參加另一項賽跑。日復一日琢磨如何利用網上的說明來玩魔方。無論何時，只要青少年自己努力（或被人督促著），不斷超越他們自認的極限，他們的思想就會更有力量。他們會獲得對自己更加清晰的評價，然後他們就可以說：「啊，我成功了。我是一個堅韌的人。」想一件孩子喜歡或想做的，同時又非常困難的事情，然後鼓勵孩子勇敢去做。

四、教會孩子哪些聲音要調高，哪些聲音要調低。我有意重新提到這一點是因為，儘管現實當中的霸凌和網路霸凌發生的方式不同，但兩者對孩子在情緒上的影響是類似的。那就是它們都會逐漸削弱孩子的自我認識，並且使他們的心靈陷入困境。要教會孩子當他們有這樣的感覺時該如何應對。這種情況下，幫他們找幾個可以信賴的人（夥伴和成年人）來客觀評價孩子非常重要。這些評價應該既有讚揚的（「你超有幽默感」），也有批評的（「有些時候，你在一個新環境裡的做法可能會讓人生氣」）。你可以對他們說：「瞧，攻擊你的人壓根就不認識你，所以你要有意識調高認識你的人的聲音，讓我們把這些人列一個名單吧。」

五、如果出現了人身傷害威脅，要立刻介入。在出現了人身傷害威脅的情況下，做為父母必須要即時反應。這種威脅可能是籠統的（「我要殺了你」），也可能是具體的（「我要去你家給你一槍」）。不要以為這是閒扯而不當回事。要報警，而且要向校方報告此事。你必須認真嚴肅對待這些威脅的話語。

六、建議諮詢。問孩子這個問題：「這件事你跟別人談談會有幫助嗎？」如果孩子的回答傾向於肯定，那麼帶他去接受諮詢。雖然我們覺得孩子沒錯，但是我們認為進行諮詢更好。因為諮詢能使青少年獲得一個明確的盟友和家庭之外的支持，能幫助孩子找到一個嚮導，能讓孩子明白自己的羞恥感和內疚完全沒有必要。還有，諮詢可以使孩子發現自我，重新鼓起勇氣。

青少年群體狀態：霸凌

- 幾乎每四個學生當中就會有一個學生（二十二%）報告說在本學年受到過霸凌。
- 每十個學生當中就會有六個學生說他們曾在一天內目睹了至少一次霸凌。
- 被霸凌最常見的原因是容貌（五十五%）、身材（三十七%）、種族背景（十六%）。
- 大多數的霸凌事件中，四十到七十五%會發生在課間、食堂、浴室、走廊。
- 對食物過敏的學生當中，三十%的人經常受到奚落或者威脅，會有人向他們扔或者揮舞過敏原。
- 如果被霸凌者的同伴及時介入干預，五十七%的霸凌會在十秒鐘內終止。
- 小學生在校內遭受霸凌的比例是三十九%。
- 中學生在校內遭受霸凌的比例是二十%。

針對一萬四千名高中生所做的調查當中，最常見的霸凌方式如下：

- 嘲諷：六十六％
- 辱罵：六十六％
- 嘲笑：四十四到四十九％
- 造謠：二十六到三十二％
- 人身攻擊：二十四到二十九％

學生認為其他同學遭受霸凌最常見的原因：

- 體型／外貌：三十六．二％
- 實際的／被認為的性別取向：十九．二％
- 人種／種族背景：十．四％
- 學習能力：十．一％
- 他們多有男人味兒或女人味兒：九．二％

遭受過以下類型霸凌的學生比例：

- 在校被霸凌：二十一．五％

- 被取笑、辱罵、羞辱：十三．六%
- 被散布謠言：十三．二%
- 被推打、絆倒、吐口水：七．四%
- 在活動中被排擠：四．五%
- 受到人身傷害威脅：三．九%
- 被迫做自己不喜歡做的事情：二．二%
- 個人財物受到故意損壞：一．六%

有些霸凌是違法的

在美國，教育部向所有公立學校發布的備忘錄中，提醒各個學校的領導和管理人員，一些違反學校反霸凌政策的不端行為，可能會因觸犯隨一九六四年民權法案設立的教育部民權辦公室所執行的一項或者多項聯邦反歧視法而承擔責任。教育部規定：「因種族、膚色、國別、性別或殘障引發的學生間的騷擾，並造成大規模的對立時，校方員工對此騷擾縱容、容忍、未予適當處理或置之不理的，則判處該校區管理人員違反了民權法以及教育部的相關實施條例。」

結語
你的聲音比你想的還要重要

《紐約時報》曾刊發過這樣一篇報導：一個爸爸正和他不滿十三歲的女兒沿著東漢普敦的街道走著，這位爸爸開始哼唱起來，女兒尷尬極了，扭頭央求說：「爸爸，請不要再唱了。」

那個爸爸是誰？比利．喬。

沒錯，就是那位在麥迪遜廣場花園舉辦過三十二場演唱會且場場爆滿，人人都想聽他一展歌喉的那位比利．喬。但是對他的女兒來說，他並不是那位六次奪得葛萊美獎的比利．喬。他只是這個世界上最讓人感到尷尬的爸爸。

也許，這對普通父母來說是一個絕妙的消息，因為這說明，並不是只有你的孩子不欣賞你的優秀。但是有一點你必須明白：你完全明白這個道理，並不會讓你內心的傷痛稍有減弱。

現在，青春期的孩子正在經歷很多事情。他們處於人生的煎熬期，他們努力認識自我，認識自己與父母的差異。所以，他們會翻白眼，會嘆氣，會進行言語攻擊。我們所有人都這樣做過。你沒有嗎？這些行為幾乎是一種宣告孩子進入青春期的儀式。

但是，如果身為父母的我們不細心，就可能將這些複雜交織的資訊誤讀為「走開」，那是很傷人的。你我都知道，為人父母是一場從未有人給你講過的嚴峻考驗，裡面淨是淚水、焦慮和笑聲。一言難盡。

不管你為孩子付出多少，有一點我敢保證，做父母往往是一件吃力不討好的事。沒有人會給好父母頒獎，國情咨文裡不會提到你，也不會有人在奧斯卡頒獎大會上給你頒發終身成就獎。那你為什麼還要心甘情願付出這麼多呢？因為當你愛一個人的時候，你就會這樣做。

你會替他們換尿布。

你會在他們晚上做噩夢驚醒之後，又輕輕搖著他們回到夢鄉。

你幫助他們解決數學難題。

你會傾聽他們述說傷心的事情。

在參加葬禮時，你會握著他們的手。

因為，愛就是這樣。

即使孩子發出的讓人困惑的訊號似乎在否認你的重要性，你的聲音依然是他們生命中最重要的聲音。在他們真心面對自己的時候，孩子本能知道他們需要你的聲音。

所以，要向比利・喬學習，接著唱。因為你的聲音很重要，非常重要，比你想像的還重要。
就這樣，接著唱。
感謝你正在做的一切。在這本書裡遇到你是我的榮幸。

附錄

喬許提供的資源

每個青少年都需要聽到的8句話

《科學》雜誌最近的一項研究表明，成年人每天要說一萬六千二百一十五個詞語。以下是所有青少年，不論其具體年齡和所處階段，都需要從你那裡聽到的八個短句，每個短句最多七個字。

1「**我愛你**。」

這句話特別重要。要時刻有勇氣對孩子說這句話。一些大人告訴我，他們從來沒有從自己的父母那裡聽到過這句話。如果孩子從你這裡都聽不到這句話，我不知道他會從哪裡聽到。

2「**我為你感到驕傲**。」

做為父母或有愛心的成年人，在孩子的努力和成就之間，要把更多的掌聲送給努力。這一點很重要，因為成就對於我們競爭的群體來說常常是主觀的，所以送給努力的掌聲和獎賞要多於送給成就的，而且要讓孩子明白，你為他感到驕傲。

3「對不起。」

讓孩子明白，成年人要有擔當。我們必須要給孩子示範，當我們犯了錯誤時，做為成年人是如何道歉的。不要講推卸責任的話，例如「對不起，可是……」記住，青少年會從我們的言談中，學到一些東西；從我們的行為中，學到很多東西；但是從我們的品格中，學到的東西最多。

4「我原諒你。」

年輕人必須懂得失敗是成功之母。青少年經常會把事情搞砸，這是常有的事。問題是，當他們無可避免把事情搞砸的時候，你會怎麼做？聽到你說「我原諒你」時，孩子就會明白承認錯誤沒事。

5「我在聽。」

與處於青春期或即將進入青春期的孩子相處不能依靠控制，而是要靠影響。你無法控制一個十五歲的孩子，但是你能夠經由傾聽和提問來影響他。講大道理不如先問孩子一些重要的問題然後仔細傾聽更有效，後者會幫助青少年對形勢做出成熟的判斷和決定。

6「這是你的責任。」

不要幫助孩子處理他們自己能夠解決的問題。相反，我們要向教練學習：賽前讓他們做好準備，比賽時在邊線處給他們加油，然後向他們分析哪裡做得好，哪裡做得不好（同樣在邊線處）。我們有種想上場幫助他們的衝動，但是要待在場下！如果你替他們解決問題，他們就會將此理解為他們還不具有所需的能力。正確做法是，你要在場給他們提供精神鼓勵和指導，但是要讓他們自己來承擔責任。

7「你做得到。」

聽到你說他們做得到，對孩子很重要。因為你的信任，面對艱難險阻時他們會準備得更好，並一步一步實現自己的目標和夢想。

8「不行。」

有時候，你能告訴孩子的最有愛心、最體貼的一句話是「不行」。放心吧，他們不會每次都領你的情。但是多年以後，回首往事，他們會稱讚你當時的睿智。對錯誤的否定，就是對正確的肯定。

「今天在學校過得怎麼樣」的21種問法

桑普勒・西蒙公司的共同創辦者伊莉莎白・伊文斯，授權使用以下內容：

1 有了什麼東西你們的學校會更好？缺了什麼東西你們的學校會更好？

2 如果你是老師，你願意教什麼課？

3 你今天看到最棒的（最讓人難過的、最有趣的、最恐怖的）事情是什麼？

4 你今天學會了什麼？

5 如果今天上課的內容就是看一部電影，你願意看哪一部電影？

6 你覺得可以對誰更好一些呢？

7 對你來說哪個科目最容易？哪個科目最難？在哪個科目你學到的東西最多？在哪個科目你學到的東西最少？

8 如果你會讀心術，你想讀懂哪位老師的心？

9 如果讓你給今天配一首主題歌，你會選擇哪首歌？
10 你最喜歡哪個同學呢？
11 你覺得在學校裡什麼事情你應該多做點呢？
12 你聽到同學課間聊天說得最多的三件事情是什麼呢？
13 你認為上學最重要的部分是什麼？
14 如果有一架外星飛船降落在你們學校，你希望誰被牽引波帶到飛船上，並被帶到外星球？
15 今天你幫助過誰？今天誰幫助過你？
16 一天當中，你最盼望哪個時間？一天當中，你最害怕哪個時間？
17 你想對學校的午餐做什麼樣的改進？
18 你覺得哪位同學最有可能被逮捕／被選為總統／成為百萬富翁／成為電影演員／在圖書館放走一群野雞呢？
19 如果你每天只能上一堂課，你會選擇什麼課？
20 如果今天可以用一個表情符號表示，你會選擇哪個表情符號？
21 你覺得今天放學以後老師會在辦公室裡談論些什麼呢？

與孩子建立良好關係的42個方法

1 單純與他們一同享受一頓午餐。

2 帶他們去參加一個活動，讓他們感受到意外的驚喜。

3 親手寫一張卡片送給他們，不必是特殊的場合。

4 每週不定時發送鼓勵性的簡訊給他們。

5 關心他們所關心的事情。

6 告訴他們，你為親眼看到他們做某件有意義的事情而感到驕傲。

7 參加他們的活動，如體育運動、樂隊演奏、戲劇表演、辯論。

8 教會他們正確的握手方式。

9 把他們的煩惱看做是潛在的財富。

10 直截了當告訴他們家庭面臨的困難。

11 你把事情搞砸的時候，要立刻坦誠道歉。

12 問他們最喜歡哪部電影，然後二話不說就帶他們去看。
13 問他們對自己未來職業的打算。
14 讓他們參與做重要的決定。
15 讓全家人一起參與他們曾告訴你的他們喜歡的活動。
16 面對孩子令人生氣／毫無目的／情緒多變的行為時，想一想他們的真實想法是什麼？
17 看到他們在做好事，就要當眾表揚他們。
18 每週擠出一些固定時間跟他們待在一起。
19 問他們一些有助於發展批判性分析能力的開放性問題：「如果可以，你想對你們學校做哪些改動，讓學校變得更好？」
20 理解他們的恐懼，即使你覺得那沒有道理。
21 一起觀看一部重要的紀錄片並加以討論。
22 討論傑出人士的生活、成就，甚至失敗。問他們最欽佩誰以及原因。
23 列出他們讓你欽佩的十個地方，並把這個清單給他們看。
24 鼓勵他們閱讀重要的有關自我發展的書籍。
25 鼓勵他們把新聞報導中一位有同情心的人做為自己學習的榜樣。
26 經常與他們就重要的話題，單獨聊上幾句。

27 問問他們關於自己的前途最擔憂什麼。
28 即使遭到他們的拒絕也要不斷邀請他們。
29 跟他們的朋友聊天，記住他們的名字並做他們的擁護者。
30 和他們一起到非營利性機構做志工。這會培養他們的感恩之心和明辨是非的能力。
31 問問他們最喜歡哪首歌，聽聽那首歌，並且體會歌聲和歌詞之外更深的含義。
32 固定好一個時間一起吃飯（例如每個週日晚上）。
33 不要在他們的朋友面前貶低他們。
34 聽聽他們對新聞報導中政治事件的看法。
35 如果條件允許，跟他們一起去旅遊。讓他們指定目的地。
36 把更多的讚揚給付出的努力而不是努力的結果。
37 要言出必行。
38 令人不快的話題除非是自然提及，否則另外安排時間去談論。
39 隨機和孩子單獨相處，給他們一個驚喜。
40 一起去看脫口秀表演或者一部有趣的電影。
41 讓他們幫忙做一件很重要的事情。
42 挑一道很難做的菜，然後照著食譜和他們一起做。

孩子（現在還）寫不出來的信

以下內容經哲學博士、執業心理學家、哈佛大學醫學院研究員、《穿越精神創傷之旅》（*Journey Through Trauma*）作者格雷琴・施梅爾澤授權使用。

親愛的爸媽：

我希望自己能把這封信寫出來。

目前，我們之間的這場抗爭是我需要的，我需要這場抗爭。我無法告訴你，因為我不知道該怎麼用言語來表達它，而且跟你講也沒有任何意義。但是，我真的需要這場抗爭。特別需要。現在我需要恨你，也需要你能夠承受。我需要你能夠承受我對你的憎恨和你對我的憎恨。雖然我也恨這場抗爭，但是我需要它。這場抗爭因何而起並不重要：晚上幾點必須回家、家庭作業、要洗的衣服、凌亂的房間、出去玩、待在家裡、離開、不離開、男朋友、女朋友、沒有朋友、壞朋友，都不重要。我需要在這些事情上跟你抗爭，而且我需要你反擊。

我拚命需要你抓著繩子的另一端，要抓得緊緊的，特別是當我在繩子的一端亂搖亂晃時，我想在這個我剛感覺到的新世界裡尋找抓手和立足之地。過去，我知道自己是誰，你是誰，我們是誰，但是現在我不知道了。現在，我正在探尋自己的極限，有時只有當我使勁拉你手中的繩子，使勁拽你的時候，我才能發現它們。當我把過去的一切都推開的時候，我才能感覺到自己的存在，才得以呼吸片刻。我知道你內心渴望我能像過去一樣乖。我懂你的心，因為我也渴望能回到從前，然而正是這種渴望讓我現在非常痛苦。

我需要這場抗爭，而且我需要看到，不管我的情緒是多麼糟糕，多麼強烈，都不會將你我摧毀。即使我表現出自己最糟糕的一面，即使「我恨你」，我仍需要你愛我。為了我們兩個人，現在我需要你既要愛自己，也要愛我。我懂得被人討厭或被人貼上壞蛋標籤的感覺。我心裡也不好受，但是我需要你包容我並且讓其他的成年人幫助你，因為我現在控制不了自己。如果你想把你所有的成年朋友召集在一起，舉辦一個「在孩子面前挺住的支持團抗議集會」的話，我能接受。或者在背後談論我，我不在乎。只是不要放棄我。不要放棄這場抗爭。我需要它。

這是能夠讓我明白我的陰影不及我的光明的抗爭，這是能夠讓我明白壞情緒並不意味著關係終結的抗爭，這是將教會我如何傾聽自己心聲的抗爭，即使此刻它可能會讓別人感到失望。

這場特別的抗爭終將結束，就像任何一場風暴，它將會消散。我會忘記，你也會忘記。然後它又會捲土重來。我將需要你再次抓緊繩子。我需要這個過程，一遍又一遍，持續多年。

我知道你要做的這份差事沒有內在讓人感到滿意的東西。我知道自己很可能永遠不會因為你做了什麼而感激你，甚至不會承認你的付出。事實上，我很可能會把所有的不快和難過歸咎於你，似乎你做的永遠都不夠。可是，不管多麼嘴硬，不管怎麼生氣，不管如何沉默寡言，我能堅持這場抗爭，全靠你的能力。

請緊緊抓住繩子的另一端。請相信，在所有人為我做的事情當中，唯有你所做的最為重要。

愛你的青少年

青少年使用手機的相關協定

親愛的父母：

設計這份協議是為了讓你能夠和孩子就他們如何使用手機，保持暢通無阻的交流。目的是幫助孩子能夠做到與科技共存，不為其左右，最終成為全面發展的人。你很可能會發現自己目前處於下面兩種情況。

第一種情況：他們已經有了一部手機，但是欠缺明確的使用規定。這種情況下，和孩子協商可能有點困難，你一定要有心理準備。他們會覺得，遊戲早就開始了，你現在才想起制定比賽規則，這不公平。這時，你要向孩子承認你過去疏忽了（凡人難免）並且要向孩子說明，你現在這麼做是因為關心他們（這一點千真萬確）。

第二種情況：你很快就會給他們買一部手機。

天賜良機！一定要把握住這個最佳時機，讓孩子接受你的條件。當你遞給他們這個閃閃發光的小玩意的時候，提醒孩子：「你只需要仔細閱讀一下這份有關使用手機的協議，在上面簽個字，然後手機就歸你了！」接下來，根據實際需要對這份協定進行編輯，讓它變成你自己的。

鼓勵孩子向你提問，問答過程會特別有趣，你們想笑就盡情笑吧。

喬許・西普

親愛的＿＿＿＿：

恭喜你！你已經證明自己足夠成熟並且有責任心來使用手機了。既然我們將一部嶄新的手機交到你的手裡，我們當然相信你能夠做出明智的決定。為什麼我們還要讓你在這張彆腳的、寫滿你或許早已知道內容的協議上簽字呢？

好，讓我講給你聽。

一部手機不僅僅是一件科技產品，如果使用不當，它就會變成一件危及你安全的武器。你一直是一個很棒的孩子，我們這麼做是想確保你能繼續做出明智的選擇。

這份協議的目的是要確保你會一直安全和快樂，也是為了確保我們之間始終存在一條暢通無阻的溝通管道。所以，請鄭重做出承諾，不論何時，你用手機都是為了辦正事，當你遇到讓你感覺害怕或者沒有把握的情況時，要向我或者可信賴的成年人尋求幫助。

請仔細閱讀這份協議，有任何疑問，一定要提出來。

愛你的

＿＿＿＿

手機使用協議

1 我理解以下規則是出於對我安全的考慮，而且我知道父母愛我勝過一切。我理解父母想讓我自己進行明智的選擇，同時又要給我提供足夠的安全保障。

□確認

2 我承諾會讓父母一直知道我的手機密碼。我同意，即便未經我的允許，只要父母認為有必要，他們有權隨時查看我的手機。

□確認

3 平日晚上一到____點（時間），我就會把手機交給父母；週末晚上一到____點（時間），我就會把手機交給父母；我會在上午____點（時間）拿回手機。

□確認

4 我保證不發送或者接收裸體圖片，任何時候都不會。我理解那樣做可能會引發嚴重的法律後果，從而危及我自己和父母的生活。

□確認

5 我保證絕不會用手機搜索色情內容，或者其他任何我不願意讓祖母看到的內容。

□確認

6 我理解我在手機上的行為可能會對我未來的聲譽造成重大影響，甚至會以我目前無法預見的方式造成影響。

□確認

7 收到陌生人的可疑來電或簡訊時，我會告訴父母。如果有人通過手機騷擾我，我也會告訴父母。

□確認

8 等我到了合法駕駛的年齡，我不會邊開車邊發簡訊。我明白那是危險而愚蠢的行為。

□確認

9 在公眾場合，我會把手機關閉或調成靜音或收起來，特別是在飯店、影院、跟他人交流的時候。我不是一個粗魯的人，我不允許手機影響我的形象。

□確認

10 我保證永遠不用手機來欺負別人或取笑別人，即使別人覺得這樣做很有趣。

□確認

我理解，擁有這部手機不是一項基本權利，而是可以被取消的特權。我已經仔細閱讀這份協議並同意上述規則。我明白如果有任何疑問，都應該提出來。

＿＿＿＿＿＿＿＿（簽名）

致謝

親愛的、可敬的讀者：

你很可能不認識下面這些聰明、有魅力、討人喜歡、熱心幫忙的人，你也很可能看不懂下面這些圈內笑話。所以，如果你要跳過這一部分，我可以理解並完全同意。

莎拉．西普：你是最好的，絕無僅有的。

倫敦：護法現身。（哈利．波特咒語）

凱蒂：你是我的女孩。

羅德尼與克里斯汀．威登梅爾：是你們教會了我這一切。

亞力克斯與洛葛仙妮．派淳考勒：謝謝你張開雙臂歡迎我。

頂尖青年演講家（機構名）：你的影響是我事業最大的亮點。

哈珀．威弗：為你始終如一的信念和堅定不移的奉獻而深表感謝。

大衛．A．蒂歇：你對二十一世紀工作的趨勢和挑戰的深刻見解是無與倫比的。

梅根・貝特：謝謝你，參議員。
布蘭登・斯賓那左拉：那個人就是你。
贊德・卡斯楚：雙份的！
崔維斯・廷德爾：鬍鬚的笑話一講就是好幾天。
傑德・華萊士：愛你，哥哥。
約翰・伍滕：每一次感謝都是一……
巴蒂奧尼、里夫斯、文策爾：拉克魯瓦在路上。
里安・施瓦茨：先生，你是一個手拿羽毛筆的魔法師。
錢德勒・博爾特：副標題是你弄錯的。
傑米・奧利弗：謝謝你照亮了我的道路。
戴夫・拉姆齊：謝謝你的智慧和引導。
致我妻子眾多的、充滿愛心的、說話嗓門高的義大利家庭成員：我愛你們每個人，到現在我仍無法確信哪個才是我真正的親戚。
克林特・帕爾多：6-4-3雙殺。
約書亞・韋恩：準備好八英里的路程了嗎？
塔拉・基爾伯特：謝謝你讓我們一直保持頭腦清醒。

蓋瑞・瓊斯：為所有的垂釣之行謝謝你！
凱西・莫克拉斯：我們愛你，並且想你。
傑夫・伍頓：格里菲，你正在下降。
星期二晚上股份有限公司：鐵磨鐵，磨出刃。
凌晨五點跑步小組：為我們一路的相伴和友誼致謝。
埃里克・迪亞茲：我不知道該怎麼感謝你。
馬克爵士：火險天氣指標系統，你太了不起了。
艾琳・紐瑪塔：謝謝你一貫的信任和支持。
卡爾・Z：查理斯為你感到驕傲，我也如此。
喬恩・塔爾伯特：火花塞點火。
韋斯蓋特：做為你團體的一員是一種榮耀。
丹尼爾・哈里森：趕快使用推特網。
雷吉・喬伊納與克里斯汀・艾維：我愛橘子黑手黨，還有你們倆。

家庭與生活 063

解碼青春期
Grown-Up's Guide to Teenage Humans

作者／喬許・希普 Josh Shipp
譯者／李崢嶸、胡曉宇
責任編輯／楊逸竹、陳以音
文字校對／魏秋綢
封面設計／FE 設計
內頁設計／連紫吟、曹任華
行銷企劃／林靈姝

發行人／殷允芃
創辦人兼執行長／何琦瑜
副總經理／游玉雪
總監／李佩芬
副總監／陳珮雯、盧宜穗
資深主編／張則凡
副主編／游筱玲
資深編輯／陳瑩慈
資深企劃編輯／楊逸竹
企劃編輯／林胤孝
版權專員／何晨瑋、黃微真

出版者／親子天下股份有限公司
地址／台北市 104 建國北路一段 96 號 11 樓
電話／（02）2509-2800　傳真／（02）2509-2462
網址／ www.parenting.com.tw
讀者服務專線／（02）2662-0332 週一～週五 09:00~17:30
讀者服務傳真／（02）2662-6048
客服信箱／ bill@service.cw.com.tw
法律顧問／台英國際商務法律事務所　羅明通律師
總經銷／大和圖書有限公司　電話／（02）8990-2588

出版日期／ 2020 年 5 月第一版第一次印行
定　價／ 380 元
書　號／ BKEEF063P
ISBN ／ 978-957-503-615-7（平裝）

解碼青春期／喬許・希普（Josh Shipp）著；李崢嶸，胡曉宇譯 -- 第一版 -- 臺北市：親子天下，2020.05
368 面；14.8×21 公分 --（家庭與生活；63）
譯自：The grown-up's guide to teenage humans
ISBN　978-957-503-615-7（平裝）

1. 親職教育　2. 青春期　3. 青少年教育

528.2　　109006695